Takarazuka Revue!

タカラヅカレビュー!

宝塚歌劇からミュージカルまで

橘 涼香

Tachibana Suzuka

青弓社

▶177ページ

『ベルサイユのばら45
——45年の軌跡、そして
未来へ』
写真提供：梅田芸術劇場
撮影：花井智子

『ベルサイユのばら45——45年の軌跡、そして未来へ』
写真提供：梅田芸術劇場　撮影：花井智子

『1789――バスティーユの恋人たち』
写真提供：東宝演劇部

『1789――バスティーユの恋人たち』
写真提供：東宝演劇部

『1789――バスティーユの恋人たち』
写真提供：東宝演劇部

▶184ページ

『ロミオ＆ジュリエット』
写真提供：梅田芸術劇場
撮影：田中亜紀

『ロミオ＆ジュリエット』
写真提供：梅田芸術劇場
撮影：田中亜紀

▶196ページ

『ロミオ＆ジュリエット』
写真提供：梅田芸術劇場　撮影：田中亜紀

▶211ページ

『レベッカ』
写真提供：東宝演劇部

『レベッカ』
写真提供：東宝演劇部

『ビッグ・フィッシュ』
写真提供：東宝演劇部

▶218ページ

『ビッグ・フィッシュ』
写真提供：東宝演劇部

『十二番目の天使』
写真提供：東宝演劇部

『十二番目の天使』
写真提供：東宝演劇部

▶237ページ

▶244ページ

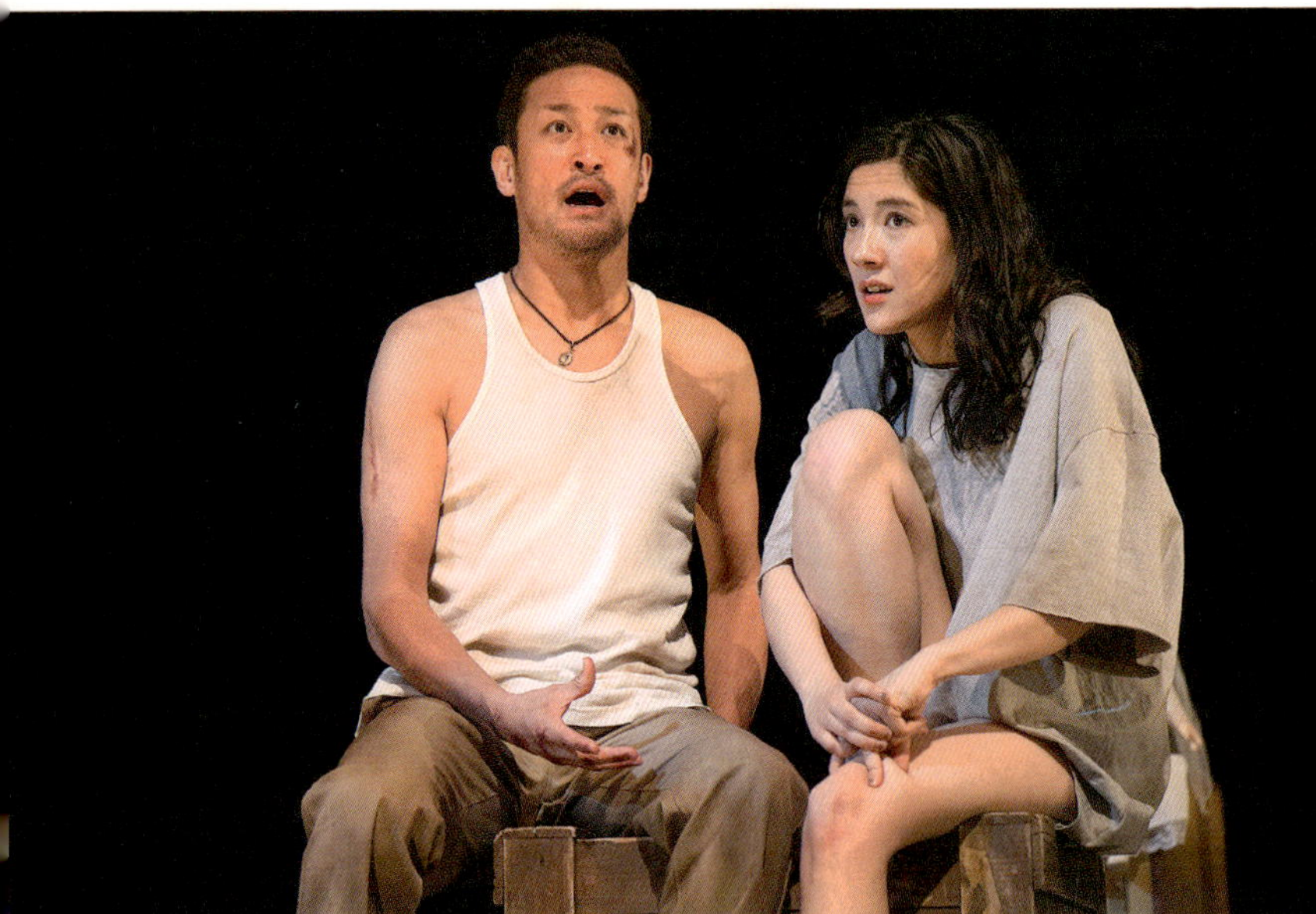

『ダニーと紺碧の海』
写真提供：パルコ　兵庫県立芸術文化センター
撮影：引地信彦

タカラヅカレビュー！——宝塚歌劇からミュージカルまで

目次

はじめに 17

第1部 宝塚歌劇レビュー

花組

希代のエドガー役者「明日海りお」を待ち続けた奇跡の舞台化！
――『ポーの一族』 22
トップコンビ明日海りおと仙名彩世を中心にした花組選抜メンバーの躍動
――『ハンナのお花屋さん――Hanna's Florist』 32
乙女の胸キュンをよみがえらせる柚香光の道明寺司の輝き
――『花より男子』 40

月組

珠城りょうトートと愛希れいかエリザベートによって原点に帰結　47
――『エリザベート――愛と死の輪舞《ロンド》』
胸躍るロマンチック冒険活劇の快作！　54
――『All for One』
宝塚歌劇でしか描けない美しき魂の交感　63
――『チェ・ゲバラ』

雪組

望海風斗&真彩希帆コンビによる決定版の風格　72
――『ファントム』
宝塚がいまに問う価値ある再演と熱いラテンショー　81
――『凱旋門』『Gato Bonito!!』
望海風斗&真彩希帆コンビの歌唱力が際立つお披露目公演　92
――『ひかりふる路《みち》――革命家、マクシミリアン・ロベスピエール』『SUPER VOYAGER!』

星組

新トップコンビ紅ゆずる&綺咲愛里華やかにお披露目！ 103
——『THE SCARLET PIMPERNEL《スカーレットピンパーネル》』
落語世界と宝塚の見事な融合とトップスター紅ゆずるの真骨頂 113
——『ANOTHER WORLD』『Killer Rouge《キラールージュ》』
エンターテインメント性にあふれた礼真琴の初東上主演 122
——『阿弖流為——ATERUI』

宙組

二十年ぶりの再演で新トップコンビ真風涼帆&星風まどかお披露目 129
——『WEST SIDE STORY』
二十周年の祝祭公演で新トップコンビ真風涼帆&星風まどかお披露目 140
——『天《そら》は赤い河のほとり』『シトラスの風——Sunrise』
原作映画から鮮やかに飛翔 151
——『オーシャンズ11』

宝塚歌劇イベント&記念公演レポート

『宝塚歌劇団宙組誕生20周年記念イベント』レポート 161

宝塚歌劇百周年記念『大運動会』レポート 171

『ベルサイユのばら45——45年の軌跡、そして未来へ』レポート 177

第2部 OGの躍動、舞台の輝き

躍動するOGたち

フレンチロックに乗せた自由・平等・博愛への切なる願い
——『1789——バスティーユの恋人たち』 184

珠玉のミュージカルナンバーが描く究極の愛 196
――『ロミオ&ジュリエット』
早霧せいな剣心再び見参！ 205
――『るろうに剣心』
シアタークリエへの見事な凱旋で輝く 211
――『レベッカ』
濃密な家族の愛の物語 218
――『ビッグ・フィッシュ』

私を突き動かす舞台作品――番外篇として

重厚な文芸作品ときらめきのレビューで輝くトップスター朝夏まなとの集大成 227
――宝塚宙組公演『神々の土地』『クラシカル ビジュー』
井上芳雄が新境地を拓いた愛と再生の物語 237
――『十二番目の天使』

松岡昌宏×土井ケイト×藤田俊太郎のタッグで描き出した希望の光 244
――『ダニーと紺碧の海』
解説　藤田俊太郎 251
あとがき 255

装丁——Malpu Design［清水良洋］

はじめに

「「演劇キック」に掲載している宝塚レビューを中心に、一冊の書籍にまとめませんか？」という、とてもありがたい話を青弓社からもらったとき、まず感じたのはうれしさとともにある不安でした。

私は演劇専門誌「えんぶ」（えんぶ編、えんぶ、二〇一六年―）のウェブサイト「演劇キック」（http://enbu.co.jp/）で宝塚歌劇作品やミュージカル作品、ストレートプレイ、二・五次元作品など、さまざまな公演レビューを書いています。ポリシーは「酷評するなら書かない！」。どんな作品にも必ずいいところがあるし、それを伝えたいし、自分が底なしの演劇ファンだからこそわかるのですが、入場料金を払って劇場まで駆け付けた人だけが作品を享受できる舞台芸術の世界で、日々これだけ多くの演劇が上演されているなか、見たいと思うもののすべてを見るなど到底かなうことではありません。でも、末端とはいえその世界に関わる演劇ライターの仕事をしているのだから、一本でも多くの舞台作品のすばらしさを伝えたい。見た方にはもちろん、見られなかった方にも、こんなにすてきな作品でしたよ！と伝えることで、想像してもらいたい。というのが、常に書くうえでの目標で、それはきっとこれからも変わらない願いです。

でも、「演劇キック」は無料で見ることができるサイトですから、そこで書いた公演レビューは、基本的に無料で読めるものです。そのことをこれまでも、いまも、うれしいと感じていますが、そうして無料ですでに世の中に出ている文章を一冊にまとめて書籍にする、しかも定価を付けて販売する。それに私の文章は堪えるのだろうか?、価値があるのだろうか?、購入してくれる方はいるのだろうか?――ぐるぐると不安ばかりが駆け巡りました。

それでも結局、このとても利益にはつながらないだろう書籍化の話をくださった青弓社の気概に（蛮勇かもしれません）奮い立ったのは、宝塚歌劇が、演劇がとことん大好きだ！という思いからでした。宝塚歌劇に興味がない、演劇を上演している劇場には一度も出向いたことがない、それでもなんの支障もなく人生を過ごしている方はたくさんいると思います。そういう方々のたった一人にでもいいから、宝塚ってすてきですよ、ミュージカルって楽しいですよ、演劇って生きる勇気を与えてくれますよ、と伝えられるチャンスが増えるなら、私にとってそれは無上の喜びにほかなりません。

そんな思いで編んだのが本書です。宝塚歌劇はもちろん、この作品は見たことがないという方にも、この時代にこういう作品があったと記録して、読み物として残すこと。これを自分のミッションとして作品選択に当たりました。そのため、その作品をごらんになっている方には長すぎるかもしれない「あらすじ紹介」もあえてカットせず、あとから事実誤認だったとわかったところと誤字・誤植以外には、基本的に修正も加えていません。その時代、その場所、その瞬間にしかない作品に立ち会えたその時点で、自分が感じて懸命に書いたことを、もしかしたら少～しは文章力が上がっているかもしれない（？）いまの自分が、きれいに整えてしまうことは、やはり違うなと思ったからです。

基本的に高名な評論家でもない末端の一ライターである身として、公演レビューを書くという行為自体が必要とされているのかを迷った時期もありました。その背中を押してくれたのが、書いたものを読んでくださった方がかけてくれた「励みになった」という言葉でした。それは、愛してやまない演劇の世界にほんの少しでも私も関われているのかも？、何かの循環の一部になれているのかも？、という実感を私に与え、勇気を与えてくれました。

そうして書き続けていくなかで、自分自身、感じ取っていけたものがあります。それは、私が最も尊いと感じる演劇は「理想の世界がここにあり、それがどれほど夢物語に感じられたとしても、その世界がいつかくることを信じる心だけは忘れない」「信じ続けてさえいれば決して希望はついえない」ことを、示してくれるものだということです。理想の美しさを愚直に描き出してくれること、劇場にいる三時間、ここに夢があり理想があると信じさせてくれること。それが私の演劇に対する敬意と愛のすべてです。そんな観点から、紙として、本として残したいと願った、愛する宝塚の、ミュージカルの、演劇の、作品の記憶と記録にお付き合いいただければ幸いです。

第1部 宝塚歌劇レビュー

長く取り組んでいる宝塚歌劇団作品の公演レビューで、二〇一七年から一九年前半の作品から、各組三本ずつというルールのなかで選んだ作品たちです。スターのファンからすると、偏りを感じることも多いと思いますが、称賛はもちろん、ある種の問題提起まで、私のなかで、あくまでも作品として考察したい、書籍として残しておきたいと思うもの、という気持ちからだけはブレないように、を意識してのセレクト作業になりました。もちろん私自身も紙幅の関係で泣く泣く断念した作品も多くありました。そのなかで宝塚歌劇が取り組む作品の多様さの一端が、ごらんになっていない方にも伝わったらいいな、が最大の願いです。また、第1部の最後に、特に注目が集まったイベントや公演のレポートを追加しました。こちらは公演レビューとは若干異なりますが、記録としての書籍の意義につながるものとして読んでいただければうれしいと思っています。

希代のエドガー役者「明日海りお」を待ち続けた奇跡の舞台化！

――『ポーの一族』

『ポーの一族』は、少女マンガ界の押しも押されもせぬ第一人者である萩尾望都が一九七二年に「別冊少女コミック」（小学館）で第一作を発表して以来、多くの人々を魅了し、熱狂的なファンを世界規模で獲得している、少女マンガ界の金字塔的作品の一つ（単行本は『ポーの一族』全五巻〔フラワーコミックス〕、小学館、一九七四―七六年）。西洋に伝わる吸血鬼伝説を基に、少年の姿のまま永遠の時を生きるバンパイア＝バンパネラ、エドガー・ポーツネルを主人公に、個性豊かな登場人物たちが二百年以上の時を駆ける連作マンガで、七六年に物語は完結していたが、二〇一六年から一七年にかけて四十年ぶりの新作が書き下ろされ大きな反響を呼び起こしたことは記憶に新しい。

この傑作マンガに魅了され、いつかミュージカル化したいという夢をもって宝塚歌劇団に入団した小池修一郎が、萩尾望都との偶然の出会いの折に上演を直談判。それが縁で小池作品を観劇した萩尾が、この人ならばと「いつでもＯＫです」と宝塚歌劇での上演を快諾。以来実に三十年。主人公エドガーが宝塚歌劇のスターが通常演じる年齢設定よりも年若い少年であることをはじめ、さまざまな要因で上演の実現に至らなかった間も、多方面からの度重なる上演依頼を「お約束している方がいますので」と萩尾が固辞し続けるという思いの深さが僥倖になり、明日海りおという希代のエドガー役者を得て、ついに宝塚の舞台に『ポーの一族』が登場することになった。

STORY

イギリスの片田舎《いなか》スコッティの森。当人たちには何のとがもない出生のいわれから、森の奥深くに置き去りにされた兄妹、エドガー（明日海りお）とメリーベル（華優希）は、バラが咲き乱れる館に住む老ハンナ・ポー（高翔みず希）に助けられ、老女のもとで健やかに成長していた。自分たちがもらわれっ子だと自覚しているエドガーにとって、メリーベルはたった一人の肉親であり、命に代えても守るべき者として慈しみ、メリーベルもエドガーを慕っていて、二人は世界のすべてだった。

ある日、村の子どもたちから捨て子だとからかわれてけんか沙汰になったエドガーの前に、美しい貴婦人シーラ（仙名彩世）が現れる。傷の手当てをしてくれたシーラとの語らいに心弾ませるエドガー。それは初恋ともいえない、記憶にない母親という存在への思慕に似た思いだったが、その思いは一瞬にしてはかなくもしぼんでいく。シーラは老ハンナの一族フランク・ポーツネル男爵（瀬戸かずや）との結婚の赦しを得るために、バラの館を訪れたのだ。

その夜二人の婚約式がおこなわれるから、離れから出ないようにと言い含められたエドガーは、婚約式に出られないのは「私たちがもらわれっ子だから？」とのメリーベルの悲しげな問いを否定するように、婚約式をのぞき見る。だが、エドガーが見てしまったのは、老ハンナから首筋に口づけされ、人ではない一族に加わったシーラの姿だった。「ポーの一族」はすなわち、吸血鬼＝バンパネラの一族だった。エドガーはその利発さと芯の強さを将来の一族の長にと見込まれ、老ハンナに引き取られたことを悟る。

「大人になったら、われわれの一族に加わるね？」

秘密を知ってしまったエドガーに誓約を迫る老ハンナの言葉に、エドガーはメリーベルを巻き込まないことを条件にうなずくしかなかった。エドガーの希望で、バラの館からメリーベルは養女に出され、エドガーは永遠に時を止める瞬間が迫ることにおののきながら生きることになる。だが、その瞬間は唐突にやってくる。かねてから館の住人に疑惑の目を向けていた村人たちが、一族の正体に気づき、杭とたいまつを手に館を取り囲んで、最初の犠牲者になった老ハンナが消滅する。妻の思いに応えるため、一族のなかで最も強く濃い血をもった大老ポー（一樹千尋）は、エドガーの首筋に口づけると、ポーツネル男爵夫妻にエドガーを託し、村人たちとの戦いのなかに消えていく。

混濁した意識のなかでエドガーは、自らが変化していくのを感じていた。時の流れが永遠に止まり、少年のままバンパネラになったエドガー。永遠に成人しない彼はもう、ひとところに長く暮らすことは許されない。終わらない旅に出る前に、ひと目だけでもとメリーベルに会いにいったエドガーだったが、兄が迎えにくる日を信じて待ち続けていたメリーベルもまた、エドガーにすべてを委ねてともにいく道を選ぶ。

一八七九年。新興の街ブラックプール。まるで絵のように美しい一家と噂されるポーツネル男爵夫妻と、その「息子」エドガー、「娘」メリーベルは、男爵夫妻がひそかに一族に加えるにふさわしい人物を探していることを知っていた。永遠に続く旅路は、愛がなければ進むことができない。そのときエドガーの前に、心のよりどころをもたず、愛を知らないまま孤独に生きる少年、アラン・トワイライト（柚香光）が現れて……。

原作になった萩尾望都の『ポーの一族』は、いくつものエピソードが連なる一編一編が連作マンガとして発表され回を重ねた作品で、二百年以上にわたる物語が時系列には並んでいない。美しい絵柄と、詩篇にも似た言葉でつづられたエピソードが、時代を自在に行き来しながら、エドガー、アラン、メリーベル、ポーツネル男爵夫妻ら「ポーの一族」がどのように一族になっていったのかが、少しずつパズルのピースのようにはまっていくのだ。そこには、作品の発表のされ方自体にすでに、深い霧に包まれた森のなかから忽然と現れるバラの館にも似た神秘性があり、そのミステリアスな独特の世界観に熱狂する少女たちを世界中に生み出した。いま、あらためて考えると、携帯電話もインターネットもない、求める情報が容易に得られない時代に、永遠の少年の深い孤独と愛を乞う思いを敏感に察知していった少女たちの感性には、研ぎ澄まされた独特の嗅覚が備わっていたのだなと、つくづくと感じさせられる。そしておそらく、あふれかえる情報の海のなかで、瞬時に画一的な答えが出ることが当たり前になってしまったいまの時代では、このような作品の発表の仕方そのものがきわめて難しいだろう。物語を紡ぐ側だけでなく、受け取る側に余白を楽しむ豊かな想像力と文学への素養があった、「物語」にとって幸福な時代にこの作品は生まれ出て、いまなお愛され続けているのだ。

その物語を人が演じるなら宝塚歌劇の幻想性が最もふさわしいと、宝塚の座付き作家への道を歩み始めた小池修一郎が夢を見て、原作者の萩尾望都がその夢を信じた。その一致した思いには、物語にとって幸福な時代に、ジャンルは違えど稀有な才気をもって生まれてきた者同士の、やはり嗅覚がはたらいていたのは間違いない。二人の天才は、ともに天才ゆえの洞察力で『ポーの一族』の命運を宝塚歌劇に託した。この物語を具現化できるのは、この世ならぬ美を描き続けてきた宝塚歌劇という世界しかない、と。

だが、事はそう簡単には進まない。実際に宝塚歌劇の劇作家になって、小池は気づく。宝塚の男役トップスターが「少年のまま」という作品は、ほぼ例がないことに。さらにその永遠の少年は「バンパネラ」だ。彼が永遠に生きていくためには、人のエナジー＝生き血を必要とする。彼ら「ポーの一族」は単純に異端の者ではなく、人にとって害をなす存在だ。ここには自分と同じ思想や宗教をもった者たちを排斥しようとすることの狭量さを批判するだけでは解決できない問題が横たわっている。侵害されるのが思想や民族の絆ではなく、命そのものだったときに、一族の館を襲撃する村人たちを誰が責めることができるだろうか。つまり、主人公が人にとって負の存在であること。これは、稀有な例外を除いて、主人公が等しくヒーローである宝塚にとって、きわめて困難なハードルだといわざるをえない。

だから小池は『ポーの一族』の宝塚化の夢を封印し、実に三十年の時が流れた。その間の心境を、萩尾がいみじくもパンフレットに書いている。

「私は思った。（私の生きてるうちには、見られないかもなぁ）そしたら天国で見るかなぁ。それでもいいか」

原作者をして、生きているうちには実現しないかもと思わせた企画。それでもなお、宝塚歌劇にしか託せなかった企画。その企画がついに実現したこの舞台を奇跡と呼んでも、これは決して大げさではないだろう。その奇跡を起こしたのが、ほかならぬ花組トップスター明日海りおであり、現在の花組の面々だ。

実際、エドガーの魅力は、美しさのなかにある毒にほかならない。この美しい少年のなかには、きわめて危険な香りがある。でもだからこそ引かれる。彼の孤独をひととき癒やすためならば、文字どおり命を捧げてもかまわない。氷の刃に身を委ねてしまって悔いはない。そう思わせたときにはじめて、人に対して負の存在であるバンパネラの姿は鮮やかに反転し、「美は正義なり」の宝塚世界に主人公として降り立つことが可能になる。その離れ業を、明日海りおはやってのけた。幼少のときに妹とともに無残に捨てられ、望まないままにバンパネラにならざるをえず、愛を求めて永遠の時をさまよう。エドガーの悲しみと、葛藤と、心の渇きを、明日海が繊細に描き出し、旅の道連れを求める姿に心を寄せることができるようになった瞬間、この異色の主人公が、宝塚歌劇のトップスターが演じるにふさわしい役柄になった。三十年、小池と萩尾と、何より作品そのものが、明日海りおを待っていた。もはや、それ以外に言葉がない。

しかも、その同じ時代の同じ花組に柚香光がいたことが、この奇跡を完全なものにする。エドガーが最後にその手を取るアランは、約束された未来がありながら、欲しているものを何一つ手にすることができずにいる少年だ。その孤独を演じるのに、柚香の美しさと内にある少年性が、どこか空恐ろしいまでに共振し、いまだ発展途上の、多分に粗削りゆえの勢いも、アランという役柄すべてにプラスになった。しかもこれまでのキャリアで明白だった、人外の者を演じさせたら右に出る者がない柚香独特の空気感が、ラストシーンでほぼ立っているだけのアランが、すでにバンパネラであることをものの見事に表出してくる。やはり三十年の歳月はだてではない。ここまで完璧な一対が、宝塚に再びそろうことがはたしてあるだろうか。

さらに小池が、バンパネラが生きていくために欠くことができない、ともに永遠の時を生きる「愛する者」の存在をよりロマンチックに色濃く描き出したことが、宝塚版『ポーの一族』の顕著な点で、その象徴として、トップ娘役の仙名彩世を愛のために自らバンパネラになることを選択した貴婦人シーラに当てたことも、作品の宝塚らしさに大きく寄与している。愛のために迷いなくバンパネラになるシーラの強さは、ある意味尋常ならざるものだ。作品のなかで、冷静な状態でバンパネラになることを選んだ唯一の人物といってもいいシーラが、仙名が演じることでよりクローズアップされ、疑似親子だったエドガーと真の絆を結ぶ場面がことさら胸に響くのは、仙名の高い地力とともにキャスティングの妙。彼女と永遠に結ばれともに散るポーツネル男爵の瀬戸かずやの、ダンディーで怜悧な誇り高さも印象的で、原作とは描き方が異なる二人の最期も実に幻想的で美しい。

また、エドガーが最後まで守ろうとし、アランもまっすぐな心を寄せるメリーベルの華優希は、ピンクのドレスと金髪のかつらが抜群に似合い、まるで生きて動いている人形のよう。エドガーがこよなく愛するにふさわしい、ひたすらに可憐で美しくいてくれることが必須命題のメリーベルとして、文句のつけようがない造形を示した。この人の存在もまた、作品の重要なピースになっている。

彼ら「この世ならぬ者」の空気感に伍して、ごく普通の人間くささをきちんと出したジャン・クリフォードの鳳月杏の、いやみなくプレイボーイを演じる達者さは貴重だし、その婚約者ジェインの桜咲彩花の、自らの負の感情を戒めようとする慎み深さの表現も見事。初めは物語全体を外から見ているストーリーテラーであり、やがて時代をさかのぼり、血続きの祖先として登場するバイク・ブラウンとバイク・ブラウン四世を演じる水美舞斗の存在感が大きくなったことが、この二重構造を支えている。同じ役割で冒頭を担うドン・マーシャルの和海しょうは過去のシーンで歌唱力を、マルグリット・ヘッセンの華雅りりかはキュートさをと、それぞれ持ち味が生かされ、ルイス・バードの綺城ひか理が、新人公演での主演経験を経てスター性を増し、ラストシーンの展開を印象的につなげている。原作からそのまま抜け出したかのような小生意気なマーゴットを、十分に美しい城妃美伶が思い切りがいい演技で描写しているけなげさも、宝塚ならではの美徳。バンパネラを憎む村人ビルとアランの伯父ハロルドという、ともに重要な役柄を演じ分けた天真みちるはますますいい役者ぶりに磨きがかかっているし、村の牧師とオルコット大佐の二役の羽立光来も、持ち前の歌唱力だけではなく演技者としても着々と進歩していて頼もしい。原作では大きな役どころであるグレン・スミスの優波慧、オズワルドの冴月瑠那、ユーシスの矢吹世奈が、ピンポイントの出番で役柄の存在感を示したのには、本人たちの力量を感じる。優れたダンサーでもあった矢吹の、新人公演学年での退団が惜しまれる。そのユーシスの母を、やはりこの公演で退団する紗愛せいらに当てたのも粋な計らい。物語後半の展開にスピード感を与える降霊術師ブラヴァツキーの芽吹幸奈のいい意味のアクの強さを、やはりこの公演で退団するイゾルデの菜那くららの純朴な持ち味がより引き立てる効果になっている。バンパネラになったエドガーが初めてその手にかける、ディリーの音くり寿も美しい歌声を響かせた。

もちろんベテラン勢の活躍は大きく、老ハンナの高翔みず希は、もはや男役女役を問わない優れた役者として全体を引き締めているし、アランの母レイチェルの花野じゅりあの、母である前に女であるという存在が、過度にいやみにならない弱さの表出が巧み。ぜいたくな起用になった専科勢は、大老ポーの一樹千尋が、余人をもって代えがたい骨太の存在感を表せば、医師カスターの飛鳥裕が、この人ならではの穏やかな人柄がにじみ出る演じぶりで、個性的な役柄が多い作品のなかにあってことさらに目を引く。これだけのキャリアを重ねてなお、優しさにあふれた役柄、いい人の造形に最も真価を発揮することにブレがなかった飛鳥が、役者としてだけでなく、組長として長く重用されてきたことに得心がいく、この人らしい温かい有終の美だった。

この幽玄の世界観から、シャープなフィナーレにつながって違和感がないどころか、二度おいしいと思わせてくれるのも宝塚ならではで、KAORIaliveの振り付けも新鮮。また、作品の世界観からして太田健の楽曲にもうひとさじ複雑さがあってもよかったかとは思うものの、平易なメロディーゆえの覚えやすさという利点があったのも確かで、原作世界を時系列に沿った物語としてわかりやすく提示した、小池の脚色との相性もよかった。

総じて、明日海りお率いるいまの花組でしかできない、一期一会の作品として『ポーの一族』が宝塚歌劇の舞台に具現された、あらゆる意味での「奇跡」に思いを至す舞台になっている。

公演情報

花組

『ポーの一族』
原作著作：
萩尾望都『ポーの一族』（小学館）
脚本・演出：
小池修一郎

宝塚大劇場［2018年1–2月］／
東京宝塚劇場［18年2–3月］

トップコンビ明日海りおと仙名彩世を中心にした花組選抜メンバーの躍動

——『ハンナのお花屋さん——Hanna's Florist』

『ハンナのお花屋さん——Hanna's Florist』は、宝塚歌劇団女性演出家のパイオニア植田景子が書き下ろしたオリジナルミュージカル。デンマーク人のフローリストのクリス・ヨハンソンを主人公に、世界中から人が集まる街ロンドンと、自然豊かな北欧を舞台に、二十一世紀に生きる人々が求める本当の幸せ、人生の豊かさを問いかける、ハートウォーミングな内容になっている。

STORY

ロンドンの閑静な高級住宅地ハムステッドヒースの一角にある、デンマーク人のフラワーアーティスト、クリス・ヨハンソン（明日海りお）が営む花屋「Hanna's Florist（ハンナのお花屋さん）」には、今日も彼の花選びのセンスを愛する人々が次々に立ち寄り活気にあふれていた。

ある日、クリスのもとに栄誉あるヴィクトリアン・フラワーショー入選の知らせが舞い込み、クリスは将来を嘱望されるフラワーアーティストとして一躍注目を集め、大手百貨店からの出店話まで持ち上がる。またとないビジネスチャンスにクリスの学生時代からの旧友で、いまはHanna's Floristの経営面を担当しているジェフ・ウォーレン（瀬戸かずや）をはじめ、多くの従業員たちの意気は上がるが、当のクリスにはこのままトップフローリストとしての成功を目指すことが自分の真の望みなのだろうかという迷いがあった。

そんなときクリスは、仕事を求めてクロアチアからやってきた娘ミア・ペルコヴィッチ（仙名彩世）に出会う。内戦の傷跡が深く残る故郷を離れ、異国の都会で不安を抱えながら懸命に生きようとしているミアの姿を見るうち、クリスは次第に自分の心に気づかされていく。それは、幼いころ両親と過ごした故郷デンマークの森への郷愁と同時に、父アベル・ヨハンソン（芹香斗亜）との拭い去れない確執を思い起こすことだった。

折も折、アベルの年が離れた弟でクリスの叔父のエーリク・ヨハンソン（高翔みず希）がHanna's Floristを訪れる。父アベルの心臓の調子が悪いことを聞いて動揺するクリス。だが、クリスにはすべてを放り出してデンマークに戻ることをためらう思いがあった。アベルは若き日にリトアニアから逃れてきた移民の娘ハンナ（舞空瞳）と愛し合うが、王家ともつながるデンマークの名門貴族の長男のアベルがハンナと結婚することは許されず、結局ひそかに愛し合うしかなかった二人の間に生まれたのがクリスだった。しかもハンナはアベルが家を守るためにおこなった非情な経営から起こった労働者たちとの軋轢のなか、放火に巻き込まれて命を落としてしまう。花を愛し、たとえどんな境遇であろうともアベルを愛した母ハンナを見捨てた父をクリスは許すことができず、一人ロンドンに出て、母の名前で母が愛した花を扱う店を開いたのだ。その葛藤のなか、アベルの舞台に接してまず感じるのは、近年の宝塚全般にいえることなのだが、宝塚歌劇の世界がここまで現代劇と親和するようになったのだな、という感嘆だった。かつて、女性だけで「男役」と「娘役」を演じる宝塚歌劇の様式美と、現代劇のリアリティーが最も遠いところにあるのは一種の常識になっていて、現代を舞台にしたドラマを扱うことはすなわち冒険に属していたものだった。もっとも、天海祐希という、様式美のなかに収まらない稀有なスターが宝塚歌劇に「ナチュラル」を持ち込んだ一時期には、宝塚歌劇にも現代劇の風が吹いたこともあったが、それはあくまでも一人の歴史に残るスター個人が起こした変革で、宝塚歌劇全体の常識を揺るがすものではなかった。

けれども、それからさらに時が流れ、創立百周年を超えてさらに新世紀の歩みを続ける宝塚には、いつの間にか静かに現代の物語を取り込める世界観が浸透してきている。それは宝塚の外の世界で「二・五次元」と呼ばれる人気マンガやアニメの舞台化が隆盛を極め、ある意味でユニセックス化が進み、端的にいえば汗くささがまったくないきれいな男の子が現実世界に大挙して登場してきた時代の変化と確実に呼応したものだ。これによって、美を追求する「男役」と現代の「男優」との差異が日増しに小さくなっているからこそ、スマートフォンやSNS（ソーシャル・ネットワーク・サービス）といった現代のツールを、非現実世界の象徴だった男役が手にすることの違和感もなくなっている。

この作品は、そうした宝塚世界の新たな流れにすんなりと寄り添い、現代のツールをふんだんに取り入れただけでなく、難民問題や内戦、地雷といった、世界が抱える困難なテーマにも果敢に筆を進めている。その一方で、そうした深い問題意識を直截に訴えるのではなく、多民族のるつぼであるロンドンの「お花屋さん」を舞台にしただけでなく、主人公の過去をどこか幻想世界のようなデンマークの森のなかに置いて作品全体にファンタジー色を加味したのは、作・演出の植田景子の周到な仕掛けだった。これによって、作品が生の苦みを過度に抱えることを防いでいて、松井るみのバレエの世界にも通じるような美しい装置のなかで、あくまでも宝塚ならではの夢の世界の物語として作品を見ることができたさじ加減が絶妙だ。

ただ、その周到な仕掛けのために、どうしても「一九七〇年代のデンマーク」で展開する主人公の両親の若き日の物語のほうにドラマチックなベクトルが向くのは否めず、こちらのパートに登場する人物たちがより印象に残りやすいのは、現代パートを支える明日海りおと仙名彩世の主人公カップルにとっては負荷が大きいものだったと思う。このあたりにはやはり推敲の余地も残るが、作者が現実世界でいま、このときも起きているさまざまな問題を静かに見つめた目線は、新しい時代を迎えている宝塚にとって貴重なものにちがいなかった。

そんな作者の心意気を支えたのが、主人公クリスに扮した明日海りおだ。もともとファン諸氏の間では知らぬ人とてない花好きの明日海が、花屋を演じる。この企画だけでまず心浮き立つものだったところに、冒頭深い森の大きな木の下でまどろんでいる明日海＝クリスの姿が、まるで絵本のなかの一ページのように浮かび上がるさまの美しさには、目を奪われずにはいられない。この心象風景一つでクリスという人物の人となりが浮かび上がるのは、まさに「花屋の王子様」にふさわしい明日海の存在あったればこそだ。フラワーアーティストとして確かな才能を示しながら、自分が本当に求めているものを見つけ出せずにいるクリスが、決してひと目惚れではないヒロインと交わすある種の不器用な心の交流。そして両親への思い。それらすべてが現代の青年の生きざまとして共感できるだけでなく、あくまでも清心なのが、明日海の二枚目男役としての充実度をあらためて感じさせる場になった。何より花屋のエプロン姿でカーテンコールをして、ちゃんとトップスターで、ちゃんと胸キュンなことには驚くばかり。文字どおり明日海あったればこその企画だったといえるだろう。

対するトップ娘役の仙名彩世のミアは、内戦で心に深い傷を負い、自分だけが幸せになることは許されないと自分を責め続けている役どころ。しかも新天地を求めてきたロンドンでもクロアチア人であることで差別を受け、仕事も失い、終幕近くには住むところにも困っているという、宝塚のトップ娘役としては珍しいほど過酷な状況に置かれていて、当然ながら美しい衣装もまとわない。このシビアさのなかで、あくまでも透明感を失わなかったのは仙名の地力によるものだろう。ヒロインとして作中に立つことが大変難しい役柄を支えた、仙名の力量に拍手を送りたい。

一方、前述したように非常に大きなドラマを背負っている「一九七〇年代のデンマーク」パートでクリスの父アベルを演じた芹香斗亜は、宝塚世界を体現したかのような貴公子ぶりで目を奪う。芹香が明日海の父親役と聞いた当初はいささかの驚きがあったが、ふたを開ければすべてが回想シーンだけの出演で、若く美しい姿のまま。しかも貴族の御曹司が、身分を超えた運命の恋に落ちたものの、周囲の猛反対のなかついに愛する女性を妻にすることができず、図らずもその命さえ失ってしまう、というアベルのドラマだけで一本の作品が作れるほどの役柄を得て、恵まれたプロポーションと優しい面差しのすべてを生かした造形に成功している。この作品を最後に宙組への転出が決まっているが、これは間違いなく芹香の花組時代の掉尾を飾るにふさわしいベストパフォーマンス。新天地での活躍がますます楽しみになった。

そのアベルの運命の恋人ハンナには、新進娘役の舞空瞳が抜擢された。初舞台当初からその美少女ぶりに注目が集まっていた人だが、まるで森の妖精さながらの登場シーンから愛らしさが全開。歌のキーがやや合わないところこそ散見されたものの、歌いだしたときの笑顔も輝くようで、アベルがひと目で恋に落ちることに説得力がある。上流社会でのお披露目に美しいドレス姿になるシーンまで用意され、思えばタイトルロールだから当然とはいいながら、破格のザ・ヒロインぶり。芹香との並びも絵のように似合い、このまま一緒に組替えをしてもいいのではと思わされたほどだったが、それはまたあとの話として、なんとも将来有望な娘役が現れたものだ。このままどこまで駆け上るのか、期待して見守りたい。

また、役柄が大変多いのもこの作品の特徴で、クリスが営むHanna's Floristは、売り物の花よりも花を売る店員のほうが多いのではと思うほどのにぎやかさだが、だからこそ座付き作家の植田景子の行き届いた目配りを感じる。

クリスの旧友でビジネスパートナーのジェフの瀬戸かずやは、店のマネジメントを担当していながら、有名百貨店への出店依頼に慎重なクリスの気持ちを優先してやる男気をさりげなく表現しているのは、さすがに場数を感じさせる。その妻サラ・ウォーレンの乙羽映見の、すべてに気配りと機転が利く女性としてのスマートさも魅力的で、優れた歌唱力だけでなく演技力にも磨きがかかってきた。多くの店員たちにも、それぞれにカップルやドラマがあり、いわゆる小芝居を見る楽しさも大きいなかで、ウェブ担当のトーマス・ルイクの優波慧は、ストーリーテラーの役割を口跡がいい台詞回しで活写。雰囲気もずいぶん柔らかくなってきた。野心家という設定がそれほど描かれていないなかで、ライアンの綺城ひか理の姿のよさはやはり際立ち、黒髪を選択したのもいい判断だった。ヤニスの飛龍つかさの磊落さと、ヨージェフの帆純まひろの闊達さに、ちゃんと個性が乗ったのも役を支えている。故障で夢を断念した元バレリーナのアナベルの音くり寿にバレエシーンが用意されているのも、音の実力を生かす場になった。アジア女子チェンリンの美花梨乃、失敗続きの新米店員ナディアの雛リリカも、集団のなかでよく目立つ。

老舗百貨店の三人組、羽立光来、更紗那知、千幸あきは、作品が求めるコメディーリリーフの役目をよく果たしたし、老婦人マーガレット・パーカーに扮した菜那くららも、ただのお得意様だけではない役割をきっちりと押さえている。図書館職員ローズ・ワトソンの真鳳つぐみも、ある意味ステレオタイプな役柄にストレートに取り組んだ潔さがいい。クリスの子ども時代の茉玲さや那の愛らしさは貴重で、悲劇の鍵を握る労働者ヘルゲ・インゲマンの航琉ひびきのインパクトも作品を波立たせる効果になっている。

もちろん、クリスに父親の真実を伝えるエーリクの高翔みず希の誠実な温かさと、初めにミアを雇い入れるエマ・アザールの花野じゅりあが、本人の存在感で役柄をさらに大きく見せた力が、作品の重要な重石になっているのも見逃せない。その意味でもう一人、アベルの妻ソフィアの白姫あかりが、夫の心がハンナにあることに葛藤した年月を超えて、アベルの心情に深く思いを至す妻を絵空事にならずに見せたことが作品にとって大きなポイントになり、力がある人だとあらためて知らしめたのが喜ばしい。
何より、生演奏の音楽、矢車草の花束、アンデルセンとリトルマーメイドなど、植田景子の美意識が貫かれた舞台で、明日海以下花組生がそれぞれの力を発揮しているのがうれしく、美しいヒューマニティーにあふれた作品になっている。

公演情報

花組

『ハンナのお花屋さん――Hanna's Florist』

作・演出：植田景子

ＴＢＳ赤坂ＡＣＴシアター

〔2017年10月〕

乙女の胸キュンをよみがえらせる柚香光の道明寺司の輝き

——『花より男子』

『花より男子』は一九九二年から集英社「マーガレット」で連載が開始された神尾葉子の代表作（単行本は『花より男子』全三十七巻〔マーガレットコミックス〕、集英社、一九九二―二〇〇八年）。桁違いのセレブの子息や令嬢が集まる名門校の英徳学園を舞台に、学園を牛耳る男子生徒四人組「F4」＝「Flower four（花の四人組）」と彼らに雑草魂で立ち向かうヒロインとのバトルのなかで、さまざまな恋模様をスピーディーに展開する作品だ。

日本では嵐の松本潤が道明寺司を演じて一躍トップアイドルとして君臨するに至ったTBS放映の連続ドラマ（二〇〇五年）をはじめ、シアタークリエでの舞台化（二〇一六年）、アニメ化（テレビ朝日系、一九九六年）とさまざまなメディアミックスが続き、台湾、韓国、中国でも映像化され、いずれも社会現象と呼ばれるほどの人気を誇っている。今回の公演はそんな作品の待望の宝塚歌劇バージョンで、主演の柚香光、城妃美伶以下、花組の若手スターたちが躍動する舞台になっている。

日本屈指のセレブの子女が集う名門校、英徳学園。この学園は「F4」＝「Flower four（花の四人組）」と呼ばれる眉目秀麗な男子生徒――世界的な大財閥の御曹司で俺様キャラの道明寺司（柚香光）、花沢物産の跡取り息子で常にクールでミステリアスな花沢類（聖乃あすか）、日本一の茶道家の御曹司でプレイボーイの西門総二郎（希波らいと）、美作商事の後継者でマダムキラーの美作あきら（優波慧）――が支配していた。セレブ集団の学内にあっても桁違いの財力を誇る四人の家からは学園に莫大な寄付がなされていて、教師といえども彼らの行動を止めることはできず、四人は気に入らない生徒がいれば「赤札」と呼ばれる指令カードをロッカーに貼り、学園中の攻撃の的にするなど権勢を誇っていたのだ。

この英徳学園に、一般庶民でありながら両親のたっての願いで通っている牧野つくし（城妃美伶）は、F4の横暴に内心では反発しながら、卒業まで努めて目立たずにいるよう日々を送っていたが、そんな庶民のつくしに声をかけてきてくれた三条桜子（音くり寿）をかばったがためにF4に目をつけられ、赤札の対象になってしまう。

それでも持ち前の正義感と〝雑草魂〟でF4に果敢に立ち向かうつくしに、F4のリーダー司はいつしか心引かれるものを感じ、何かとつくしの気を引こうとするが、恋に不器用なだけでなく、自分の美貌や財力になびいてこない女子に出会った経験がない司の作戦は空回りばかり。一方つくしは、学園の生徒たちからつまはじきに遭っていた自分の危機を救ってくれた類のことが気になり始める。だが、類の心には慕い続ける至高の女性、藤堂静（華雅りりか）の存在があって……。

伝家の宝刀『ベルサイユのばら』（一九七四年初演）が宝塚歌劇の代名詞ともなっていることを振り返れば当然にも思えるが、宝塚歌劇と少女マンガの親和性の高さには揺るぎないものがある。両者の間には乙女が（現在でも、過去でも、精神としてでも）現実をひととき忘れて理想の世界に飛翔できる、夢を仮託できる世界という堂々たる共通項があって、それが数々の少女マンガの宝塚化を可能にしてきた根幹だった。

そんな一つとして、この『花より男子』も、かねてから宝塚での上演が期待されてきた。だが、一九九二年に連載が始まっている作品のなかにある、学園のなかでヒロインがほかの生徒全員から標的にされる描写や、格差社会がすでに階級社会にまで悪化しているのではとささやかれる貧富の差など、日本の現実が作品のカリカチュアを、フィクションとして笑い飛ばせなくなってしまっている。その悲しい軋みが、宝塚化の実現をあるいは遠ざけてしまったかなと危惧した時期もある。だが、時代が「令和」として新たになった二〇一九年、ついに『花より男子』の宝塚バージョンが登場し、そこに徹頭徹尾の乙女の胸キュンが立ち現れたさまには、むしろすがすがしいまでの輝きがあった。

その成功を導いた一つには、単行本にして三十七巻に及ぶ長大な原作世界の、第十二巻までの展開に物語を絞った脚本・演出の野口幸作の非常に巧みな目配りがある。赤札を貼られたつくしが学園で受ける仕打ちの描写を、物語展開を支えるギリギリのラインでマイルドにし、感情の高ぶりや怒り、混乱などもダンスナンバーに変換して、宝塚ミュージカルならではのいい意味の非現実感を加えることで、作品の描写からざらつくものを取り去ったさまが実に見事。さらに、秀逸な映像効果を駆使して現代の処理をしていながらも、F4のメンバーが原作のビジュアルの扉を開いて登場してくる、まさに『ベルサイユのばら』一九七四年の初演時に使われた手法を踏襲しているなど、宝塚伝統のアナログ感との融合も巧み。徹頭徹尾、闘うヒロインという現代性も加味しながら「ごく普通の女の子のシンデレラストーリー」に凝縮し、原作で有名な、胸がキュンとする見たいシーンを二時間半の上演時間のなかにほぼすべて入れ込んだ手腕には、むしろ驚かされたほどだった。大の宝塚ファンを公言するだけのことはある野口の宝塚愛が、原作世界と宝塚世界の見事な着地点を演出していてすばらしい。

さらに、この『花より男子』宝塚バージョンをひときわ高みに押し上げたのが、主演の柚香光の存在だ。もともととびっきりの華やかさを持ち合わせ、「花の四人組」ならぬ「花の九十五期」の代表格の一人として早くから注目を集めてきた人だし、『はいからさんが通る』(花組、二〇一七年)の主演時にも感じたことだが、主演として舞台のセンターに位置したときに放つまばゆさにはちょっと比類がないものがある。これだけパネル映像が輝く舞台を、さらに明るくする効果が今回もいかんなく発揮されていて、道明寺司という、ともすれば鼻持ちならない人物になりかねない俺様キャラを、なんとも愛おしい存在として表出していて目を見張る。過去多くのスターがこの役柄を演じてきているが、そのカリカチュアに徹したある種のバカさ加減も含めて、ここまでかわいらしさが前に出た司は、柚香が屈指だと思う。それほど柚香の司は表情豊かで、これだけ俺様キャラになるのにも、その行動のゆがんだ部分にも、司が育った、傍から見れば申し分がない境遇ゆえの孤独があることが伝わってくる。だからこそ、いびつな寂しさを抱えている司の不器用さを応援したくなるし、舞台を見ていて自然に「司、頑張れ」という気持ちにさせるのは、宝塚スターとしての柚香の高い資質ゆえだ。特に「踊る柚香」が最強なことを、演出の野口がきちんと織り込んで作劇に生かしていることも美点になり、時代が動くことが発表されている花組の未来に、一点の曇りも感じさせない見事な主演ぶりだった。

ヒロイン牧野つくしの城妃美伶はその身体能力の高さを存分に生かし、舞台でのつくしの動きがまるで原作マンガから抜け出してきたかのよう。生きて動いているつくしに説得力があり、バイタリティー抜群。美しい歌声も作品を支える要になっている。庶民代表で取り立てて美人でもないヒロインが、夢の王子様によって磨かれ、人もうらやむプリンセスになっていく。設定の斬新さのなかにも実はきちんと押さえているこの作品が、つまりは少女マンガが描き続けてきた王道のシンデレラストーリーのヒロインとして、舞台に躍動していた。トップ娘役という称号を現時点では有していない娘役が、こうして適材・適所でヒロイン役を担えるのはすばらしいことで、城妃はもちろん実力や多くの美点を兼ね備えた娘役に、今後も光を当てていく機会が多くあることを願う。

そのつくしの初恋の人になる花沢類の聖乃あすかは、F4のなかでも特に人気が高いキャラクターを、持ち前の美貌を生かしてミステリアスに表現している。柚香の押し出しに対して静けさがある個性なのも非常にいい対比になっていて、三角関係のバランスが上々。大役の責任を果たしていた。そのうえで聖乃の場合は、本人の美貌がまだ舞台では十全に発揮されていない面があるが、つまりはまだまだのびしろがあるということ。男役としての表現力をさらに獲得していくと、とびっきりの男装の麗人になる資質十分な人が、ここで大きな役柄を経験できたことは宝塚にとっても貴重なものになるだろう。さらなる飛躍を期待したい。

また、Ｆ４のメンバー美作あきらの優波慧は、個性豊かな四人のなかのまとめ役的な存在感をきちんと発揮したし、西門総二郎の希波らいとは、このメンバーのなかで仲間感を出すことがまず大変だっただろうほどの大抜擢だが、四人組として果敢に舞台に位置できたことは大収穫。二人の役柄は、司や類に比して、時間の制約のなかでどうしても個人のドラマが描かれていないだけに、そのなかでもちゃんと「ダチ」で、ちゃんとかけがえがない「仲間」を表現した健闘をたたえたい。四人が殴り合いになる名シーンがあるが、恋愛とはまったく別に、女子が立ち入れない男子の、男子だけの結束もまた乙女の胸キュン要素の一つで、そこが舞台に自然に出た四人組のわちゃわちゃ感と友情の表出が光った。

娘役では、藤堂静の華雅りりかが、類が思い続け、ヒロインが憧れと尊敬を抱く理想の女性を見事に描き出して「花娘」の底力を感じさせれば、三条桜子の音くり寿が、ひとひねりある役どころを絶妙のさじ加減で演じて実力を示している。ほかにもつくしの両親の高翔みず希、美花梨乃や冴月瑠那、航琉ひびき、羽立光来、紅羽真希、峰果とわら「花男」たちがさまざまな役柄で、鞠花ゆめ、若草萌香、鈴美梛なつ紀ら「花娘」たちがつくしに敵対する女子たちなどで、物語世界を活写。つくしの親友、松岡優紀の朝葉ことののまっすぐな愛らしさも目を引いた。

何よりも、あまたのヒット作品を生んできた原作世界を、宝塚歌劇の魅力を詰め込んだ宝塚バージョンとして仕上げた華やかさと軽やかさが出色で、大人のなかにある「少女」の感性を刺激する舞台になっている。

公演情報

花組

『花より男子』

原作著作：

神尾葉子『花より男子』（集英社）

脚本・

演出：野口幸作

ＴＢＳ赤坂ＡＣＴシアター

〔2019年6–7月〕

珠城りょうトートと愛希れいかエリザベートによって原点に帰結

——『エリザベート——愛と死の輪舞《ロンド》』

一九九六年に宝塚雪組が初演したウィーンミュージカル『エリザベート——愛と死の輪舞《ロンド》』は、宝塚歌劇に歌だけでつづるミュージカルの可能性を開き、上演回数一千回、観客動員数二百五十万人を突破する人気演目として成長を遂げてきた。今回の月組公演はその十回目になる再演で、実に十回目にして、これまでの宝塚バージョンとは明確に異なる顔を作品が見せたことが、非常に大きな驚きと見応えを表出させるものになった。

とはいえ、その宝塚バージョンは二〇〇二年、春野寿美礼トップスター時代の花組公演で、トートとエリザベートが互いの勝利を確信して歌い競うナンバー「私が踊る時」が加えられて以降、細やかな芝居や演出の調整はあるものの、大枠としてはこれまでの基本路線を踏襲している。今回の月組公演もその意味で、大がかりな変更が加えられたわけではないのだが、それでいて確かにこれまでの宝塚バージョンとは違う色合いを示したのが興味深い。これは最も下級生でトート役を演じることになったトップスター珠城りょうと、『エリザベート』史上最も長い主演経験をもってエリザベート役を演じることになったトップ娘役の愛希れいかという、これまでの宝塚歌劇『エリザベート』上演史で初めて両者の取り合わせがたくまずして描き出した、一八年月組版だけのカラーといえる。

もともとウィーン生まれのこのミュージカルでは、タイトルロールの皇后エリザベートが死に魅せられる願望の象徴として存在していた「死＝トート」役を、エリザベートを愛してしまった「黄泉の帝王」と位置づけたのが、小池修一郎の宝塚版潤色の大きな仕掛けだった。人間に対して絶対的な優位、完全な勝利を握っているはずの「死」が、生きたままのエリザベートに愛されたいという願いをもってしまう。この「禁じられた愛」を描く「愛と死の輪舞」のパラドックスとして宝塚版を出発させたことが、ウィーンミュージカル『エリザベート』（一九九六年初演）をトップスターが男役であることが揺るがない宝塚歌劇のシステムに添わせることを成功させ、今日我が国の『エリザベート』人気を形作った。だから初代の一路真輝から、トートは妖しい幽玄のイメージをまとったこの世ならぬ者として舞台に位置していた。それは直近の宙組公演（二〇一六年）で、太陽のような明るさを誇った朝夏まなとが演じてさえも、変わらずに引き継がれていた。

だが、珠城りょうのトートは、それら歴代のトートとは明らかに異なる質感をもって舞台に登場してきた。それはゴールドにさまざまなカラーのメッシュを入れた新たな髪色や、小池自らがトートのテーマカラーの変遷について宙組版の制作発表会見の折「トートに例えば赤というわけにはいかない、やはり寒色でないと」という趣旨の発言をしていたにもかかわらず、結婚式の赤いロングコートや、「私が踊る時」の赤いスカーフなど、衣装に赤が登場してきたこととも、おそらくは密接に関係があるだろう珠城トートだけの新しさだった。それほど珠城トートは熱く、むき出しの感情をあらわにし、どこかではむしろ抑制された生活を送っている皇帝フランツ・ヨーゼフよりも人間的に見えるほどに、エリザベートを求めていた。その姿は珠城の男役として恵まれた大柄な体軀のイメージも手伝って、この世ならぬ者というよりもむしろカリスマ的なロックスターを思わせた。端的にいって赤を着せたトートには、実に斬新なものがあった。

一方、愛希のエリザベートの劇中に芯として立つ存在感にも、歴代の宝塚版エリザベートの枠には到底収まらない強さがあった。それは、冒頭の自由を求める詩の朗読シーンから顕著に現れていて、初代の花總まりから実咲凜音までのエリザベートが、自由な魂への少女らしい憧れを表現していたのに対して、愛希のエリザベートの自由への希求には、祈りともいえる切迫感があって驚かされた。この朗読にすべてが象徴されている、愛希エリザベートが自由を求めるエネルギーには、仮に彼女がオーストリー皇后にならなかったとしても、魂が求める自由には到達できなかったのではないかとさえ思わせる渇望があった。そのとき、ダンサーとしての評価が最も高かった「娘役・愛希れいか」が、近年では最長の六年間というトップ娘役経験で培った歌唱力や演技力とともに、舞台を覆い尽くすパワーになってほとばしっていったのだ。やはり再び端的にいって、すでに宝塚のトップ娘役というカテゴリーから飛翔しているエリザベートがここにいた。

この二人の関係性を俯瞰したときに真っ先に思い出すのが本家ウィーン版の『エリザベート』なのは、思えばあまりにも運命的だ。最も若いトップスターの珠城演じるロックスターのようなトートと、最もトップ娘役としてのキャリアを積んだ愛希演じる生命力の塊であるエリザベートとの真っ向勝負が、宝塚歌劇十回目の上演にして作品を本家の趣に帰還させたことは、いったい何の計らいだったのだろうか。ただ一ついえるのは、ミュージカル『エリザベート』はいまも生きているということだ。そんな作品としてのしぶとさ、ひいては宝塚歌劇の奥深さを、この二〇一八年月組バージョンは見事なまでに噴出させた。その作品と劇団の力が壮絶なチケット難を呼び、宝塚歌劇の財産演目としての『エリザベート』の価値をあらためて知らしめる上演になったことは、愛希れいかの退団公演でもある十回目の『エリザベート』に、最もふさわしい輝きを与えていた。珠城率いる宝塚歌劇月組と、宝塚のトップ娘役の立場から飛び立っていく愛希の双方の、今後の活躍に期待がふくらむ時間だった。

また、今回は専科生の応援を頼むことなく、月組生だけでこの大がかりな作品を上演していることにも、現在の月組の底力が感じられる。

その筆頭、皇帝フランツ・ヨーゼフの美弥るりかは、エリザベートを深く愛しながらも、生まれながらの皇族であるために、古いしきたりの矛盾や皇后の鬱屈に気づけない、高貴な生まれの人間だけがもつある意味の鈍感さを気品高く描き出している。もともと初代の雪組のスター分布図が高嶺ふぶきと轟悠で、双方のカラーから必然的に二番手の男役がフランツを演じることになった、という始まりのキャスティングをそれこそ宝塚のしきたりとして踏襲しているだけで、二枚目男役としては相当な辛抱役であるフランツを、皇帝としての務めと皇后への愛のはざまで葛藤する人物として成立させた美弥の地力がここであらためて証明されたのは喜ばしい。大劇場公演での休演で案じられたが、東京では公演を盤石に務め、高音域の歌い方にも進化を感じさせて、月組の柱の一角としての存在感を示している。

一方、大役中の大役であるルイジ・ルキーニの月城かなとは、深い芝居心で狂言回しでもある役柄を自在に活写している。ルキーニがイタリア人であることに説得力がある美貌も生きたし、客席への語りかけも当意即妙。課題だと感じられたフィナーレのダンスシーンも東京公演で長足の進歩を見せて頼もしい。

皇太子ルドルフの暁千星は、母の愛に飢えた青年皇族の面が際立つ。卓越したダンスに生命力があるのが、ルドルフ役としては難しさもはらむが、そのために凝縮した出番のルドルフがより輝くのも事実で、役替わりの革命家エルマーも含めて暁のスター性はやはりまぶしい。フィナーレナンバーの踊りっぷりにも胸がすく思いがして、目が離せない魅力がある。

その暁との役替わりでルドルフを演じた風間柚乃は、オーストリー＝ハンガリー帝国の行く末に心を痛める憂国の皇太子の色が濃い。新人公演、また代役で演じたルキーニ役での縦横無尽な演じぶりといい、このルドルフ、そして革命家シュテファンいずれでも非凡な演技力を披露していて、稀有な若手実力派としての末頼もしさが光り輝く公演になった。

皇太后ゾフィーの憧花ゆりのもこの公演が退団公演。これまでもいわばスター組長として数々の大役を演じてきた憧花の集大成にふさわしい役柄を得て、君主制を守り抜こうとする皇太后、ただの嫁いびりの姑に落ちては成立しない「宮廷でただ一人の男」を十二分に表現して有終の美を飾った。

エリザベートの自由への憧れを体現する父マックスを、愛希の同期生の輝月ゆうまが演じられるのが月組の豊かさで、粋でダンディーな自由人をセンターにいないときにも闊達に表す輝月の芝居心と歌唱力がともに生かされた。同じく愛希の同期生の晴音アキがリヒテンシュタインに扮したのも手厚い布陣で、やはり歌唱力に秀でる晴音の力量が光る。またグリュンネ伯爵に紫門ゆりやが配役されたときには、宝塚世界での時の流れに感慨も覚えたが、品よく姿もいいスターがこの役柄を演じる妙味はむしろ感動的。ヒューブナー男爵の響れおな、ラウシャー大司教の千海華蘭、シュヴァルツェンベルク侯爵の颯希有翔ら、ゾフィーの取り巻きの要人たちがそれぞれに個性的なのもいい効果になっている。

また、革命家エルマーとシュテファンを役替わりで演じた蓮つかさの非常に優れた役者ぶりが、かなり難しいだろうこの二つの役柄の演じ分けでより鮮明になったのもうれしいことだったし、夢奈瑠音以下の黒天使も充実。なかでもマデレーネの天紫珠李に注目株の勢いがある。ツェップスの光月るう、ヘレネの叶羽時が役柄を的確に表現し、マダム・ヴォルフの白雪さち花、少年ルドルフの蘭世惠翔もそれぞれの歌声で作品の重要なパートを支えた。

なかでも特筆すべきはヴィンディッシュ嬢の海乃美月で、自分をエリザベートだと信じている精神を病んだ女性を歴代最もあざとさがない、美しい表現で描き出していて、これは出色の出来。自由を追い求める真実のエリザベートと魂が確かに共振した場面は、この二〇一八年版月組バージョンの大きな成果の一つといえ、着実に力を蓄えてきた貴重な娘役である海乃をあらためて大切にしてほしいと感じた。

さらに、フィナーレナンバーで次期トップ娘役に決定している美園さくらを珠城と踊らせるなど細かい配慮も行き届いていたが、ここのアレンジはいくら珠城が異色のトートを熱演しているにしても、やはりラテンでないほうがよかったのではないか。これは音楽監督の吉田優子に一考してほしい点だが、『エリザベート』のフィナーレナンバーにはそもそも定型の魅力があり、仮にアレンジも出尽くしたのであれば歴代でよかったものの再演でもまったく問題はないと思う。いずれにしても、宝塚歌劇十回目の『エリザベート』が、珠城と、大輪の花を咲かせて宝塚を去っていく愛希による、唯一無二のバージョンになったことが、長く記憶に残るにちがいない舞台になっている。

公演情報

月組

『エリザベート——愛と死の輪舞《ロンド》』

脚本・歌詞：

ミヒャエル・クンツェ

音楽・編曲：

シルヴェスター・リーヴァイ

オリジナル・プロダクション：

ウィーン劇場協会

潤色・演出：

小池修一郎

宝塚大劇場〔2018年8–10月〕／

東京宝塚劇場〔18年10–11月〕

胸躍るロマンチック冒険活劇の快作！
——『All for One』

『All for One』は、いまなお世界中で愛され、読み継がれ、映像、演劇、アニメ、人形劇などあらゆるジャンルでの創作が続いている、アレクサンドル・デュマの傑作小説『三銃士』（一八四四年）の主人公ダルタニアンとアラミス、アトス、ポルトスの三銃士が、原作設定のルイ十三世時代を飛び出し、フランスのブルボン王朝に燦然と輝く太陽王ルイ十四世時代で活躍するという、脚本・演出の小池修一郎の大胆な発想で生み出された爽快なエンターテインメント作品になっている。

STORY

十七世紀のフランス。太陽王と称されるルイ十四世（愛希れいか）はまだ年若く、母であり摂政であるアンヌ（憧花ゆりの）、その後ろ盾であるマザラン枢機卿（一樹千尋）の助言のもとに国を治めているが、イタリア人であるマザランとそのファミリーがフランスを牛耳っている現状に、国民の不満の声が高まっていた。

そんな国王が隊長を務め、国家と王家を守護する任務に当たっている銃士隊一の剣の使い手ダルタニアン（珠城りょう）は、銃士隊の仲間であり「三銃士」とうたわれる、元修道士でありながらも世紀の色男といわれるアラミス（美弥るりか）、銃士隊隊長代理で沈着冷静なアトス（宇月颯）、大酒飲みだが大胆不敵なポルトス（暁千星）との固い友情を育みながら、任務に誇りをもち日々精進を重ねていた。

そんなダルタニアンに、国王の剣の稽古の師範代を務めよという命が下る。バレエに夢中の国王ルイは剣の稽古に身が入らず、何かと理由をつけては次々と指南役を罷免し続けていたのだ。三銃士に励まされ、緊張しながら王宮に伺候したダルタニアンは、アンヌ、マザラン、国王のいとこモンパンシェ公爵夫人（沙央くらま）、マザランの甥で護衛隊隊長のベルナルド（月城かなと）らが見つめる前で、ルイとの手合わせを命じられる。生来ひ弱なルイの指南には手加減を加えるようにと申し渡されていたダルタニアンだったが、次第に熱を帯びた稽古のなかで、つい剣を振り払った弾みでルイを倒してしまう。激高したルイはダルタニアンを自分の指南役には不適格と断じたばかりか、銃士隊の解散も考えると言い放って去っていく。

その夜、落ち込むダルタニアンを三銃士が慰めていた酒場にベルナルド率いる護衛隊が現れ、銃士隊がマザラン枢機卿を侮辱したとして乱闘が始まってしまう。その騒ぎのなか、ダルタニアンはマリー・ルイーズ（早乙女わかば）という娘を助ける。ルイ十四世に目通りした話を聞きたがるルイーズに、ダルタニアンは自分がどれほど王家と国家を愛し、それを守護する職務に誇りをもっているか、さらに、国王はマザランの言いなりになるのではなく、自らフランスを治めるべきだ、そうしないと国民の信頼を失ってしまうと語る。熱心に耳を傾けていたルイーズだったが、ダルタニアンが彼女のことを聞こうとすると、慌てて逃げ帰ろうとし、行かせまいとしたダルタニアンは、思わずルイーズに口づけをする。剣一筋に生きてきたダルタニアンだったが、この一夜の出会いで、ルイーズに心を奪われてしまったのだ。

そんななか、銃士隊に突然の解散命令が下る。狼狽する銃士たちを前に、ダルタニアンは護衛隊に武力を集中するために、銃士隊解散を狙ったマザランの策略を言い当てるが、三銃士をはじめ誰にも国王の名で発令された命令を取り消す術はなかった。散り散りになる仲間たち。だが、失職したはずのダルタニアンに、もう一度国王ルイの師範代をせよとの呼び出しがかかる。再びルイと面会したダルタニアンは、ルイが抱えていたブルボン王朝を揺るがす大きな秘密を知ることになって……。

浪漫活劇＝アクション・ロマネスクと銘打ったこの作品には、その言葉どおりのロマンと冒険がぎっしりと詰まっている。それをまず実感したのは開幕していきなりアラミスの美弥るりか、アトスの宇月颯、ポルトスの暁千星、そして真打ちダルタニアンの珠城りょうがそれぞれせり上がりながら歌い継ぎ、多くの銃士隊員の壮大なダンスナンバーへと発展する「All for One」一曲で、まず心をわしづかみにされたときだった。ここで、ダルタニアンをはじめとした銃士たちの衣装がブルーデニムという軽やかさもいい。デニム生地を使った衣装というとフレンチミュージカルの『ロミオとジュリエット』（二〇一〇年初演）や、最近では宝塚バウホール作品の『パーシャルタイムトラ

ベル——時空の果てに』（宙組、二〇一七年）などを思い出すが、そのなかでも作品の世界観をひと目で表したという点で、この銃士隊にブルーデニムを使った判断が効いていた。アニメの主題歌もかくやとばかりのキャッチーな音楽（太田健）、衣装（有村淳）と、聴覚と視覚で、ルイ十四世時代に活躍するダルタニアンと三銃士という、デュマの原作にも史実にもとらわれない、宝塚版だけの『All for One』が怒濤のように展開することを一気に認知させてくれる。

そこからはもう、物語のテンポのよさと、東京宝塚劇場のステージ、セリ、階段、盆、銀橋、花道といった舞台機構のすべてを縦横無尽に使い尽くした見事な転換とで、一気呵成に進むドラマに魅せられていくばかり。ときに『ロミオとジュリエット』だったり、ときに『るろうに剣心』（雪組、二〇一六年）だったり、ときに『THE SCARLET《スカーレット》 PIMPERNEL《ピンパーネル》』（二〇〇八年初演）だったり、小池修一郎が手掛けてきたこれまでの作品を思わせる仕掛けが出てくることも、むしろ喜びにつながっていくほど舞台が弾みに弾む。レイピアの殺陣をはじめとした効果音の使い方もテンポのよさを増幅させるし、特に台詞からミュージカルナンバーに至る流れが、一拍の無駄もなくまったくひっかかりがないのは驚嘆すべきことだ。海外ミュージカルの潤色・演出で宝塚歌劇だけでなく日本のミュージカル界の巨星になっている小池の、ミュージカル作りのノウハウがどれほど優れているかが、図らずもしっかりとこの舞台に現れていて胸躍った。

しかも何よりもいいのは、十七世紀のフランスを舞台にしながらこの作品が王道の「ラブコメ」を貫いていることで、冒険活劇とブルボン王朝とラブコメが、ここまでしっくりとなじむ世界は宝塚をおいてほかにないだろう。もちろん重厚な悲劇も新たな挑戦作もそれぞれに魅力があるが、

「ああ正しい宝塚を見た！　こんな作品が見たかった！」という気持ちになれる王道作品にはやはり代えがたい魅力がある。

その満足感には、このドラマの登場人物たちが、珠城りょう、愛希れいかのトップコンビ以下、月組の陣容にピッタリとハマった当て書きの見事さが大きく寄与していることも見逃せない。スターが作家に愛されている作品ほど、観客が幸せになれるものはないのだ。

その一番手はもちろんダルタニアンの珠城りょうで、ガスコーニュ生まれで、父親の教育のもと剣の道に邁進し、国王と国家を守る銃士隊の一員であることに誇りをもつまっすぐな青年という、まるで珠城その人のような設定がマッチして個性を輝かせている。もともとどっしりとした貫禄を下級生時代からもっていた人だが、月組の未来を担うべく早くから次々に大きな役柄を演じ続けていたなかで、基本的に各時代のトップスターよりも上背があり、体軀もしっかりしていたから、学年よりずっと大人の役が回ってくることが多く、どこか影がある役も多かった。それだけに、このダルタニアンのすがすがしさ、おおらかな優しさが、珠城本来の魅力を開花させたさまには目が覚めるばかりの効果があった。「この地上の何処かに」の晴れやかで伸びやかな歌声も心地よく、トップスターとして二作目の公演で、早くも真価を発揮したのがうれしい。

そんな珠城にルイ十四世として対峙する愛希れいかが、入団当初は男役だった経歴をいかんなく発揮している。愛希がルイを演じるというところで、ブルボン王朝が抱えている秘密というのはいったも同然だし、事実、作中でもその秘密は非常に早い段階でつまびらかになるのだが、それでもこれは元男役のトップ娘役である愛希がいたからこそ実現した設定なのは間違いない。さすがは昔とった杵柄で、男役姿に違和感がなく、だからこそ真実を明かした心の叫びも真に迫り、壁ドンをはじめとした珠城との少女マンガの世界さながらの恋模様も適度にコミカルで、かつ胸キュンでなんとも愛らしい。バレエシーンもふんだんにあり、余人をもって代えがたい役柄になった。

そんな二人を支える三銃士の面々もそれぞれの個性をよく生かしていて、目に耳に楽しい。世紀の色男というキャッチフレーズで登場するアラミスの美弥るりかは、その華やかな容姿ばかりでなく、女性への気遣い、髪の跳ね上げ方、足の組み方などの実に細かい部分で、アラミス像を作り込んでいる。この人の華があることによってダルタニアンの実直さが生きる効果も生んでいて、美弥ならではの美しきアラミスが見事だった。フィナーレ冒頭の歌手のきらめきも目を奪う。

銃士隊の隊長代理アトスの宇月颯は、銃士隊全員を統括する役柄を、的確な演技力と髭が似合うダンディーなビジュアルで活写している。常に先を読むアトスの行動は、作中でも物語を大団円に導く重要なポジションを占めていて、起死回生の計画を歌い上げる歌唱も十全なら、キレがある動きでの殺陣やダンスも見惚れるばかり。コツコツと精進を重ねてきた実力派が、相応の働きの場を得て輝いている姿は、後進の何よりの励みになることだろう。確かな成果を喜びたい。

もう一人の三銃士ポルトスの暁千星は、自身に役柄を近づけたポルトス像を披露。健康的な個性の持ち主だし、もともと原作設定にこだわっていない作品だから、大酒飲みではなく、大食漢でもよかったかなとは思うが、王宮に偵察に行きながら酒瓶に手を伸ばしてしまうという小芝居も楽しく、衛兵姿もとびっきりかわいい。ダルタニアンを含めた四銃士の個性が多彩に分かれたのも効果的だったから、暁のポルトスとして面白く見られた。

彼らに立ちはだかるマザランファミリーでは、マザランの甥ベルナルドの月城かなとの比重が大きい。この役を美弥という考え方もあるいはあったかもしれないというほどの役柄だが、主人公の敵方に回ることが多かった美弥がともに戦う三銃士という配置は新鮮だったし、これが本公演の月組には初加入になる月城にとっても、「壁」をキーワードに徹底的な敵役ではなく、コメディーリリーフの香りさえあるベルナルド役に挑めたのは、いい経験になったことだろう。事実、大劇場上演時よりもずっとコメディーの間がよくなっていて、当たり役の四乃森蒼紫（『るろうに剣心』、二〇一六年）を思わせる二刀流のサービスまであり、上々の月組デビューになったのが何よりだった。

マザランファミリーは大人数で、束ねるマザラン枢機卿の一樹千尋の重厚感と食わせ者感はもはや絶品の域だし、ベルナルドの兄フィリップの紫門ゆりやは、本人は香りに慣れすぎて感じなくなっている香水マニアの、はた迷惑感をいやみなく見せた。姪たちのなかではやはりマリー・ルイーズの早乙女わかばの美貌が光り、こせついたところがないおっとりした芸風が、紫門同様役に生きた。紫乃小雪の愛らしさも目立つだけに退団が惜しまれる。

ベルナルドの護衛隊では、千海華蘭と輝月ゆうまの色濃い造形が光るし、銃士隊から護衛隊に寝返る貴澄隼人と春海ゆうも、重要なアクセントになっている。貴澄はダルタニアンの回想シーンの父親役、輝月はルイの回想シーンのルイ十三世役で、それぞれソロも取り、歌唱力も生きた。ソロといえば、銃士の夢奈瑠音と蓮つかさもそれぞれいい歌を聞かせたし、やはり退団の輝城みつるに目立つ場面がきちんとある目配りも美しい。

元銃士という位置づけでダルタニアンたちに加担するビゴーの綾月せり、その妻シモーヌの白雪さち花の剣戟一座が重要な関わりをもってくるのも脚本の面白さで、二人が呼び込みでラップを歌うぶっ飛び感も楽しめる。二人に育てられたジョルジュの風間柚乃は、作品のキーマンともいえる役柄を果敢に演じ、演技巧者の片鱗を感じさせて末頼もしい。

王宮ではアンヌの憧花ゆりのの重石がありながらちょっとした台詞で笑わせる緩急が光るし、スペイン王女マリア・テレサの海乃美月のコケティッシュな演じぶりも巧み。肖像画どおりの難しい髪形を再現しているが、十分愛らしく公演ごとにきれいになっていて、娘役としてますます磨きがかかってきた。ルイお抱えの振付師リュリの佳城葵もいい味を出しているし、ボーフォール公爵の光月るうがごく自然に大物感を発揮して、マザランに格負けしなかったのはあっぱれ。

そして、特筆すべきはモンパンシェ公爵夫人の沙央くらま。専科転出後さらに進境著しい演技派男役だが、小池作品では過去もさまざまな女性役を演じていて、今回はそれらすべての経験が注ぎ込まれたかのような、美しく、あでやかで、思い込みが激しく憎めないという女性像を生き生きと演じ、出てくるたびに場をさらう快演だった。公演中に次に出演が決まっている雪組公演での退団が発表され、ファンの心中やいかばかりかだし、フィナーレのグラマラスビューティーぶりを見ると、これからまだまだたくさんの可能性を秘めている人だと思えるだけに、ここでの退団発表は無念だが、『All for One』大成功の一翼を担った功績は長く記憶されることだろう。男役に戻っての集大成になる次公演の大いなる成果を祈っている。

と、とても書ききれないほどの役があり、そのすべてで出演者一同がそれぞれのカラーで舞台に息づいたことがうれしく、宝塚の宝塚たる魅力にあふれた、爽快なオリジナルミュージカルが生まれたことを誇らしく思える舞台になっている。

公演情報

月組

『All for One』

脚本・演出：小池修一郎

宝塚大劇場〔2017年7–8月〕／

東京宝塚劇場〔17年9–10月〕

宝塚歌劇でしか描けない美しき魂の交感
――『チェ・ゲバラ』

キューバ革命を成功へと導き、「自由と平等を希求する革命家」として生涯を全うしたエルネスト・ゲバラ（通称：チェ・ゲバラ）の人生を描いた『チェ・ゲバラ』が上演された。本作品は、これまで『For the people――リンカーン 自由を求めた男』（花組、二〇一六年）、『ドクトル・ジバゴ』（星組、二〇一八年）と、宝塚の男役としての舞台生活三十五周年を迎えた轟悠を擁して、宝塚の枠を超える作品を発表してきた原田諒が、「キューバ革命を宝塚化する」という、さらなる大きな挑戦に出たもの。宝塚歌劇の男役の虚構性と、現代史にその名を残す希代の革命家のリアリズムを、果敢にも融合させることを目指した意欲作になっている。

STORY

一九五〇年代、キューバ。民衆はアメリカ資本による植民地的支配のもと、アメリカ・マフィアとつながり私腹を肥やすフルヘンシオ・バティスタ大統領（光月るう）による独裁政権下での、過酷な労働と搾取の日々にあえいでいた。

そんななか、アルゼンチンの裕福な家庭に生まれ医師になりながら、キューバをはじめ強国の犠牲になり苦しんでいる国の人々のために、自分がなすべきことは何かを探しながら南米大陸を放浪していた青年エルネスト・ゲバラ（轟悠）は滞在先のメキシコで、バティスタ政権打倒のクーデターに失敗し、メキシコに亡命後仲間とともに潜伏生活を送っていたフィデル・カストロ（風間柚乃）と出会う。強国支配から脱して人民に自由を取り戻したいという熱い志をもった二人の運命の邂逅は事態を大きく動かし、ゲリラ戦に備えた訓練を積んだ一行は、嵐の海をついてキューバに帰還。政府軍の攻撃を受けていったんはシエラ・マエストラ山中で散り散りになったものの、「ニューヨーク・タイムズ」のジャーナリスト、ハーバート・マシューズ（佳城葵）のインタビューに応じたフィデルがキューバに生還しているというスクープによって、民衆の政権打倒への希望に火がつき、エルネストとフィデルはトルキノ山頂で再会を果たす。さらに、反バティスタ政権の地下活動グループからの支援も広がり、単身軍資金を届けにきた大学生アレイダ・マルチ（天紫珠李）ら同志を増やしていった反政府軍は、エルネストが立てた巧妙な戦術によって、ついに政府軍を倒して首都ハバナを制圧。ここにキューバ革命が成就する。

首相に就任したフィデルとともに政府の要職に就いたエルネストは、ともに戦った日々のなかで愛を育んだアレイダと結婚。キューバを経済的にも自立した真の独立国家として発展させるべく奮闘するも、アメリカによる経済封鎖の前に、永遠の同志だと互いに信じていたフィデルとの思いにすれ違いが生じていき……。

百五年の歴史のなかで大きくくくれば愛と夢を描き続けてきて、一般知名度的には「宝塚＝『ベルサイユのばら』（一九七四年初演）」という図式が根強く残っている宝塚歌劇団には、その実非常に大きな作品の振り幅を容認する懐の深さがある。例えば昨年（二〇一八年）、「あの世」を奇想天外なきらびやかさで描いた星組公演『ANOTHER WORLD』が上演されたあとに、世界大戦前夜のパリを描いた雪組公演『凱旋門』が上演された折には、この二つの両極端ともいえる表現をもった作品を続けて上演し、しかも観客が何事もなく両者を受け止める劇団というのも、そうそうないのではないかと感嘆したものだ。それは「宝塚歌劇」というジャンルが、いわゆる「宝塚らしくない」といわれてきたどんな作品でも、最終的にはちゃんと「宝塚化」してしまう力をもっていて、さまざまなカラーの作品を果敢に咀嚼しながら、百五年の長い歴史を紡いできた証しのようにも思える。

だが、そんないい意味でのしぶとさ、強靭さをもつ宝塚歌劇といえども、理想の世界を愚直なまでに追い続け、ゲリラ戦のなかで生涯を閉じたチェ・ゲバラの人生が舞台に乗る日がくるとは、さすがに想像したことがなかった。現代史は当然ながら歴史の評価が定まっていないし、何よりもどうしても政治色が濃くなることが避けがたい。特にキューバという国自体が語りにくさを非常に抱えていて、東西冷戦下はもちろんのこと、ソビエト崩壊後、ロシアのウラジーミル・プーチン政権、アメリカのバラク・オバマ政権、そして現在のドナルド・トランプ政権との関係のなかで、その存在はいまも動き続けている。さらにチェ・ゲバラを描くのに欠くことができないフィデル・カストロが九十年の生涯を閉じてまだ三年に満たない。いまや宝塚の顔的作品の一つになっている『エリザベート』初演時（一九九六年）にナチス台頭を表す場面さえも避けた宝塚歌劇が、この題材を取り上げることは想像の域を超えていた。

ただ一方で、現実に原田諒が轟悠とのタッグでミュージカル『チェ・ゲバラ』を上演するという報が流れた瞬間には、不思議なほどにそこまでの驚きはなかった。むしろ何か「あぁ、なるほど、そうきたか」に近いような、表現が適切ではないかもしれないが腑に落ちるものがあったのだ。

というのも雪組でトップスターを務めたあと、専科に異動して「宝塚歌劇団の男役」であり続けることを選択した、現在のところ確実に「第二の春日野八千代」の位置にいる轟悠の存在は、これまで考えることができなかった題材の宝塚化を何度も実現したし、さらにその轟を擁して劇作家原田諒が成し遂げてきたチャレンジにも、他の追随を許さないものがあったからだ。通常であればチェ・ゲバラといえば誰もが思い出すあのベレー帽と髭に覆われた風貌自体が、宝塚歌劇のスターにはとても似つかわしくないと思うところだろう。けれどもすでに轟悠は、そうした「宝塚のスターたるもの」にまつわるあらゆる制約から解き放たれていて、むしろ完璧なビジュアルにうならされたポスターの仕上がりに、納得感さえ漂わせたのはたいしたものだった。しかも、その完璧なビジュアルばかりでなく、宝塚の舞台に登場した轟演じるチェ・ゲバラの物語に、宝塚歌劇でしか描けない美しさがあったことに畏怖の念を覚える。

もちろん題材が題材だから、舞台の多くはゲリラ戦を展開する山奥だし、きらびやかな衣装が登場する場面もきわめて少ない。ゲバラがたどる理想が高すぎたがゆえとも取れる、悲痛な運命も変わるわけではない。宝塚的かといえば、とてもそうとはいえない作品だろう。それでもゲバラが胸に誓った志、曲げられなかった理想と、革命を成し遂げたあとのキューバの命運を担ってしたたかに泥くさく動くことも避けられなかったカストロとの関係。二人が魂で結び付き、ともに闘いながらも別れていく過程を、互いが互いの立場と思いを理解していたからこそだという、美しい展開に落とし込んでなお、その世界観が設定から浮かない劇団は宝塚歌劇団をおいてほかにないのではないかと思えた。しかもその美しさが浮かない世界だからこそ、ゲバラが遺した「もし私たちが空想家のようだといわれるならば、救いがたい理想主義者だといわれるならば、できもしないことを考えているといわれるならば、何千回でも答えよう。「そのとおりだ」と」という言葉が胸に深く染み入る。ゲバラが逝って半世紀。彼が命を懸けて求めた理想の世界、すなわち異なる言葉、異なる文化、異なるルーツや宗教をもつ民族同士が、互いに認め合える真の平和はいまだ実現していない。それどころか、むしろ世界はさらに自国の利益だけを優先したポピュリズムに覆われる方向に進んでいるとさえ思える。けれどもだからこそ、理想を語り続けること、愚直に平和を信じることがいまできる唯一の確かなものだし、演劇というジャンルがなしうるそれが小さな、けれども最も大きな使命だと思う。その根幹を原田が見事に押さえたうえに、バティスタ付きの軍人礼華はる演じるルイス・ベルグネスとダンサーのレイナの晴音アキ、さらにレイナの兄で反政府軍の一員ミゲルの蓮つかさにつながっていく、歴史上の人物に絡めた伏線のドラマがよく書き込まれていて、原田作品としても進化を感じさせるのがすばらしい。

そんななかで、この作品が静かに訴えかけてくる「自由への前進」と「他者への愛」が、轟悠によって宝塚歌劇の作品になりえたことに敬意を表したい。それほど轟の孤高の存在が、作品のなかのゲバラを生き生きと描き出したこと、男役を極めてすべてのかせから飛翔し、なお進化する轟のゲバラが、原田にこの作品をある意味書かせてくれたことが、やはり何より尊い。タカラジェンヌという存在の神秘を感じさせる轟の、若いメンバーが多い月組のなかに入ってまったく違和感がない演じぶりもいつもながら驚異的で、骨太な信念をもち不器用だからこそ崇高なゲバラの生きざまが轟のそれと重なって見える効果も絶大だった。何をいまさらという表現だが、余人をもって代えがたいゲバラだった。

その轟のゲバラに対峙するカストロを百期生の風間柚乃が堂々と演じている。轟に対して一歩も引かないばかりか、位負けを感じさせないことにはただ恐れ入るしかない。もちろんそうでなければこの役柄は成立しないのだが、月城かなと休演に伴い芸歴三十五年の轟に対して百期生の風間にカストロを任せようと決断したスタッフ側の勇気も、そのチャレンジを見事にやってのけてしまう風間にもただただ驚愕させられる。実際「末頼もしい」という言葉をこの逸材にはこれまでも使ってきたが、このカストロの重厚な演技に関しては「末恐ろしい」という言葉がむしろしっくりくる。歌声もよく伸びて、政治家であることとゲバラとの友情とのはざまで苦しむカストロの心情も見事に伝え、この人はこれからどこまでいくのだろうかと恐懼するばかりだ。

ゲバラと結婚する大学生アレイダに扮した天紫珠李は、山の奥深くゲバラたちに軍資金を単身届ける肝が据わった女性像が、元男役の出自をもつ天紫にベストマッチ。ゲバラのドン・キホーテに対してドルシネア姫ではなく、どこまでも付き従うサンチョ・パンサだと自ら名乗る関係性もよく考えられていて、キビキビとした動きも役柄をよく表現している。ときおり歌声に不安定さが残るのは今後の課題だが、こちらは課題があってむしろ当然の百一期生。轟との共演で得たものをぜひ生かして進んでいってほしい。

　ほかにも周りの役柄が非常によく書き込まれているのがこの作品の強みでもあって、前述したルイスの礼華はるとレイナの晴音アキ、レイナの兄ミゲルの蓮つかさが運んでいくもう一つのドラマが作品に与えたふくらみは大きい。革命が成就した喝采のなか、彼らの運命が動いていくことにリアリティーがあり、初めは宝塚らしい華やかな場面を入れるためかと思わせたレイナが踊るキャバレーのショーシーンから途切れずにつながっていく展開が見事。定評ある歌ばかりでなくダンス力にも秀でている実力派の晴音や、闘いの場面でも見事な踊りっぷりが目を引く、そもそもゲバラとカストロを出会わせる役柄の蓮の力量がともに生かされた。礼華もここまでの大役は初めてだと思うが、姿のよさが際立っていて、優しい持ち味も二枚目らしく、姿勢が整ってくるとさらによくなるだろう。期待したい。彼らに立ちふさがるバティスタの光月るうが、俗っぽさと同時に適度な器の小ささを出したのも効果的だし、ニューヨークのマフィアであるマイヤー・ランスキーの朝霧真の苦み走った個性と芸風が役によく合っている。ゲバラの友人のエル・パトホの千海華蘭の明るさが目に残るからこそ、のちのちに絡む展開が切なくこの人も大変重要なピースとしての役割を果たしている。一方、そこまでの描写がないながら、ゲバラに心酔したことがストレートに信じられるギレルモ・ガルシアの輝月ゆうまの味わいは貴重で、豊かな歌声がラテン民族が根底にもつ明るさをよく表現している。その弟エリセオ・ガルシアのきよら羽龍も「頭で考えること」の大切さを伝える少年役を真摯に務めた。カストロと志をともにする仲間のなかでは、ラミロ・バルデスの春海ゆうの鋭さと、緩衝材的な役割を果たすカミーロ・シエンフェゴスの蒼真せれんが、同じ反政府軍とはいえさまざまな考え方をする人物たちがいるリアルをよく伝えている。「ニューヨーク・タイムズ」の記者ハーバートの佳城葵が立ち姿から異質さを感じさせて重要なアクセントになっていて、特に冒頭、現代のキューバでゲバラのペイントの前で立ち尽くす観光客を演じているのが意味深い効果になり、これは原田のキャスティングの妙としても面白かった。ギレルモの妻イサベル・ガルシアの香咲蘭、レイナに重大な真実を告げるローラの叶羽時も、多くない出番のなかで役柄を際立たせて力量を感じさせた。

何よりも彼らが闘い、切り開いてきた「自由」と「理想」をあなたはどう受け止めていますかと、決して大向こうからではなく静かに訴えかけた作品の美しさがいつまでも胸に残った。宝塚歌劇団が異色の題材に取り組みながら、このテーマを宝塚歌劇団でしかできない作品へと昇華したこと――轟悠と月組生のキャスト陣と、原田諒と松井るみをはじめとしたスタッフワークの功績を、長く記憶すべき舞台になっている。

公演情報

月組

『チェ・ゲバラ』

作・演出：原田諒

日本青年館ホール〔2019年7–8月〕

／梅田芸術劇場

シアター・ドラマシティ〔19年8月〕

望海風斗＆真彩希帆コンビによる決定版の風格

――『ファントム』

怪奇小説を代表する作品として知られるガストン・ルルーの小説『オペラ座の怪人』（一九一〇年）を基に、アーサー・コピット脚本、モーリー・イェストン作詞・作曲で生み出されたミュージカル『ファントム』は、一九九一年アメリカ・テキサス州で初演。そのあと全米各地のツアー公演、さらに世界各地での上演と、ブロードウェイで上演されていない作品としては稀有な成功を収めている。日本初演は二〇〇四年の宝塚歌劇宙組公演で、〇六年、一一年の花組公演と回を重ねてきた。その過去二回の花組公演に出演していた望海風斗が、かねて念願だったというファントム役に挑んだ今回の四演目は、決定版とも呼びたいクオリティーの高さを誇る仕上がりになっている。

STORY

十九世紀後半のパリ。オペラ座通りで歌いながら楽譜を売る娘クリスティーヌ・ダーエ（真彩希帆）の歌声に引かれたオペラ座のパトロンの一人フィリップ・ドゥ・シャンドン伯爵（彩凪翔と朝美絢のダブルキャスト）は、彼女に歌のレッスンを受けさせるべく、オペラ座の支配人ジェラルド・キャリエール（彩風咲奈）のもとを訪ねさせる。だが時を同じくしてオペラ座ではキャリエールが支配人の座を解任され、新たな支配人アラン・ショレ（彩凪翔と朝美絢のダブルキャスト）とその妻でプリマドンナのカルロッタ（舞咲りん）がオペラ座を牛耳ろうと画策。クリスティーヌも体よくカルロッタの衣装係にさせられてしまう。だが、オペラ座にいられるだけで幸せと喜ぶクリスティーヌの歌声を聴き、心震わせている男がいた。彼こそがオペラ座の地下深くに隠れ住むと恐れられる伝説の怪人ファントム（望海風斗）だった。クリスティーヌが自分の音楽を託すに値する歌姫だと直感したファントムは、仮面で顔を隠したまま彼女を指導。瞬く間に歌の才能を開花させたクリスティーヌは団員たちが歌を競い合うコンテストに参加し、圧倒的な歌唱で絶賛を浴びる。カルロッタはそんなクリスティーヌをオペラ座で主役を歌うように推薦するが、そこにはライバルの登場を許せないカルロッタの計略が隠されていて……。

アメリカで生まれたこのミュージカル『ファントム』は、作品そのものの誕生が主人公にあたかもシンクロしたかのように、数奇な運命をたどっている。もともとアーサー・コピットとモーリー・イェストンがガストン・ルルーの小説『オペラ座の怪人』を基に、外見に欠陥を抱えながらも豊かな才能と純粋な心根の持ち主の物語として、怪人と呼ばれた男の人生をミュージカル化しようと動き始めたのは、一九八三年だったという。このテーマはいま日本でも愛されている『ノートルダム・ド・パリ』（一九九八年初演）などの成功例もあり、ブロードウェイでの上演を目指して着々と準備が進んでいたが、八六年に同じ作品を原作にするアンドリュー・ロイド＝ウェバーのミュージカル史に燦然と輝く傑作『オペラ座の怪人』がロンドンで開幕。同時にブロードウェイでの上演も決まり、ロイド＝ウェバー版が世界を席巻していくとともにミュージカル『ファントム』の出資者は潮が引くように去っていってしまった。そのため、ミュージカル『ファントム』が世に出るのにはさらに年月を要したし、ブロードウェイでの上演はいまも実現していない。知名度という点だけいえば、ロイド＝ウェバーの『オペラ座の怪人』がやはりはるかに高いのは、日本の演劇界でも変わらない事実だろう。

そんなコピット＆イェストン版の『ファントム』本邦初演を担ったのが、宝塚歌劇団だったというのはやはり決して偶然ではない。実際、劇団四季の『オペラ座の怪人』（一九八八年初演）が一世を風靡した日本で、同じ原作を基にした別のミュージカルを上演しようというのは、計り知れないほどの勇気が必要な決断だ。見比べてみれば両者にはまったく別のアプローチがあることがわかるが、それでも『オペラ座の怪人』がミュージカルの一つの代名詞とも呼べる存在になっていた二〇〇四年の段階で『ファントム』の上演に踏み切ることができたのは、宝塚歌劇団自体が一般のミュージカル界とは一線を画す、一つのジャンルだったからにほかならない。もちろん『エリザベート』という宝塚歌劇団で初演（一九九六年）ののち、一般ミュージカルの舞台として上演する作品の例はすでに登場していたが、当時両者は現在ほど近いところに位置しておらず、あくまでも互いが固有の文化だった。そのある意味での特殊性があったがために、和央ようか&花總まりで初演されたミュージカル『ファントム』は、異形に生まれついたエリックの孤独な魂がたどる悲劇に、ファンタジーの香りも加味した、「宝塚歌劇」の世界のなかで成立する作品になっていた。その色合いは春野寿美礼&桜乃彩音の〇六年、蘭寿とむ&蘭乃はなの一一年、ともに花組での上演時にも変わらないものだった。この宝塚歌劇での上演があったうえでこそ、梅田芸術劇場製作バージョン(二〇〇八年初演)も日本に根付くことが可能になった。その経緯には、揺るがないものがあると思う。

だが、二〇一一年の花組公演のあと、宝塚でのミュージカル『ファントム』が沈黙を守っていた七年間だけを考えても、宝塚歌劇を取り巻く環境は激変していた。まず創立百周年という大きな節目を経て、かつて確かにあった女性だけの歌劇団=お嬢様芸という宝塚を斜めに見る目線が確実に減少していったこと。宝塚歌劇団の演出家である小池修一郎が日本ミュージカル界をも支える演出家になり、海外ミュージカルの初演をまず宝塚が担い、次いで一般ミュージカルとして上演されるという流れが、あたかも既定路線のようになっていったこと。世に「二・五次元」と呼ばれるマンガ世界を苦もなく具現化する、美しき男優たちが続々と登場して、宝塚歌劇の男役と男優との差異を一気に縮め、海外ミュージカルではなく宝塚発のオリジナル作品も一般舞台で上演することが可能になったこと。これらのさまざまな要素が宝塚歌劇とミュージカル作品とを、非常に乱暴にくくるならば同じ土俵で語ることを容易にしているのが現代だ。

そんな二〇一九年に、宝塚歌劇団に望海風斗と真彩希帆という、かつてトップコンビの歌唱力がここまでそろってハイレベルな例があっただろうかと驚かされるほどの歌声をもつ二人がいた。この奇跡が七年ぶりにミュージカル『ファントム』を自信をもって世に送り出すことを、宝塚歌劇団に決断させたのは論をまたないだろう。実際、望海と真彩のこれが音楽の天才だ、これが音楽の天使だ、と誰をも納得させる歌の力と、それがあるからこその芝居の深み、豊かな表現力にはただひれ伏すしかない。

もともと、美しいものは心も美しい、「美は正義なり」の世界観のなかで成立している宝塚歌劇にとって、外見に欠陥をもつ異形の主人公は、決して親和性が高い存在ではない。それが宝塚であるために欠陥の描き方には大きな制限があるし、その制限のなかでの表出だけを見ると、もちろん想像力で補う必要があるのはわかるが、この程度の欠陥でひと目見た父親さえもが恐慌する、という設定を納得させるのがどうしても難しくなる。本当の姿を見せてほしいと自ら熱望しながら、恐怖のあまり叫び声を上げて去っていくヒロインが、とんでもなく非礼な女性に見えるのも、宝塚と異形の表現とのせめぎ合いから生まれるいわば齟齬だった。

だが望海風斗のどこまでも伸びるロングトーンと魂の絶唱が劇場中に響き渡るとき、それらの軋みは完全に雲散霧消していった。世間を知らないために純粋で、そのあまりの純粋さが成人男性としての常識や己を律する規範を逸脱していく、主人公ファントム＝エリックの悲劇がまっすぐに届けられるさまには、おそらく誰もがエリックの心情にシンクロして味方になるだろう、悲しいまでの愛しさを湧き上がらせる力があった。それが謎を謎として残すことでファントムの存在をミステリアスにスケールアップしている『オペラ座の怪人』と、ファントムと呼ばれるしかなかった無垢な青年の人生を描いたこの『ファントム』との違いをより鮮明にしたばかりでなく、モーリー・イェストンが書いたクラシカルで美しい音楽の魅力を、余すところなく表現してみせてくれている。そう、「くれている」といいたいほどの、出色の出来に接してみてあらためて、この作品への縁のなかでいつかはと心に期していたというエリック役を、いまトップスターの地位を得た望海が演じることができた。このこと一つをとっても、演劇の神が確かにいることを信じられる尊い時間だった。

一方、そのエリックに音楽を託される真彩希帆もまた、高音域までも無理なく豊かに響く歌声で、天与の才能をもった音楽の天使を具現化している。真彩のすごさは、冒頭パリで楽譜を売っているときの歌声を、エリックに磨かれる前の状態として確実にセーブしているにもかかわらず、すでにその歌が心地いいことで、そこからさらにクリスティーヌの歌唱力が劇中格段に進歩していくさまにも目を見張る、見事としかいいようがない歌いっぷり。「私の真の愛」で、エリックに素顔を見せてほしいと訴える歌にも特段の吸引力があり、エリックが仮面をはずす決意をすることにも無理がない。何よりクリスティーヌが非礼な女性に見えなかった、歌の力がここまで作品を支えるのかという事実には、胸をつかれる思いがした。

この唯一無二のコンビを取り巻く雪組メンバーも多彩で、その筆頭のキャリエールの彩風咲奈は、彼女本来の美点である育ちのよさを感じさせる、どこか鷹揚な持ち味が、思えばすべての判断が後手後手に回ってしまうキャリエールという人物の、エリックとは違う意味での世間知らずな部分に整合性を与えている。エリックの外見の欠陥について語り合う場面の台詞がまったく無神経に聞こえず、本音を言い合えるうえでなお深くエリックを愛している会話に映ったのは彩凪なればこそで、ラストのキャリエールの行動に自然につながる妙味を生んでいる。キャリエール最大の見せ場でもあるエリックとの二重唱「お前は私のもの」も、あの望海と対等に歌えていると思うと、彩凪の確かな地力をあらためて感じさせるものだった。

シャンドン伯爵とショレを交互に演じた彩凪翔と朝美絢は、シャンドン伯爵がかの『オペラ座の怪人』ではラウル役に当たる、と考えただけでかなり驚くほど、実は非常に見せ場に乏しい役柄だというところに、ここまで経てきた経験値の高さからあくまでもスッキリとした二枚目像を構築した彩凪に一日の長はあるものの、朝美の思い込んだら一直線な表現にも見るべきものが多い。一方のショレ役は、その朝美が非常に思い切ったアクが強い造形で役者魂を感じさせれば、彩凪がどこか「ヘタレ」風味の気弱さを見せていて、双方非常に面白いダブルキャストになった。

またカルロッタの舞咲りんも、歌唱力に定評がある人ならではの思い切りはずした歌いっぷりで、新任のプリマドンナが「歌えない」という設定を余裕をもって表現しているし、オペラ座の音楽教師ガブリエルの梨花ますみ、楽屋番ジャン・クロードの奏乃はると、バレエ教師マダム・ドリーヌの早花まこなどが、台詞がないところでもオペラ座の人間模様に確かな深みを与えている。モンシャルマンの透真かずき、ルドゥ警部の真那春人のくっきりとした造形も目立つし、目立つといえばオペラ座の団員セルジョと、若かりしころのキャリエールを演じる永久輝せあの視線を集める力には感嘆するばかり。同じく団員リシャールの煌羽レオ、ソレリの彩みちる、フローレンスの星南のぞみ、ラシュナルの綾凰華など、雪組の生きがいい面々が役柄を明るく闊達に描くことで、地下のエリックの世界との対比がより生きた。

その光りあふれる世界と闇の世界の対比を描くことを意識したという映像のチョン・ジェジンの仕事は、説明過多に感じる向きもあるやに思うが、初めてこの作品の世界にふれる人には丁寧な作り。一新された稲生英介の装置とともに、新生『ファントム』をわかりやすく提示している。特に今回の『ファントム』では、エリックの従者が沙月愛奈、笙乃茅桜、鳳華はるな、諏訪さき、眞ノ宮るい、縣千の精鋭ダンサー六人に絞られ、エリックが街で救った浮浪者という設定は変わらないが、舞台での役割としては『エリザベート』の黒天使にやや寄った感覚があり、彼女たちの優れたダンス力とともに、エリックの心情も伝わってくる効果になった。またエリックの母ベラドーヴァが、第二ヒロインといっても過言ではない大きな描き方になり、エリックの母親への思慕とクリスティーヌへの愛が重なり合うことが視覚的にもハッキリと示され、演じる朝月希和の母性の表出も当を得ている。可憐な容姿も役柄によく合った。彩海せらの幸福な時代の幼いエリックが、伸び伸びとしているだけに切ない。

こうした新たな工夫はもちろん、ショー作家としての才能を常に安定して見せている演出の中村一徳ならではのフィナーレの作り込みも多彩で、組の中心メンバーだけでなく、この作品を最後に雪組組長の大任から離れて専科に異動する梨花ますみ、この公演をもって退団する陽向春輝にも大きな見せ場を作った粋な計らいも美しい。総じて、ミュージカル作品としての『ファントム』、現代の宝塚歌劇が描く『ファントム』の決定版と呼んで、決して大げさではないだろう完成度を示した仕上がりで、望海&真彩以下、舞台を彩るメンバー全員に畏敬の念を抱く舞台になっている。

公演情報

雪組

『ファントム』

脚本：アーサー・コピット

作詞・作曲：モーリー・イェストン

潤色・演出：中村一徳

翻訳：青鹿宏二

宝塚大劇場〔2018年11-12月〕

／東京宝塚劇場〔19年1-2月〕

宝塚がいまに問う価値ある再演と熱いラテンショー
――『凱旋門』『Gato Bonito!!』

『凱旋門』は、エリッヒ・マリア・レマルクの小説を基に、祖国を追われた亡命者たちが集う、第二次世界大戦前夜のパリが舞台。ドイツから亡命してきた医師ラヴィックが、友人ボリス・モロゾフに助けられながら、運命的に出会った女性ジョアン・マヅーとの鮮烈な恋を軸に、過酷な運命に翻弄されながらも懸命に生きる人々を、シャンソンをモチーフにした音楽を絡めて描いた柴田侑宏脚本、謝珠栄演出による作品。二〇〇〇年に当時の雪組トップスターだった轟悠主演で初演され、轟が文化庁芸術祭賞演劇部門優秀賞を受賞するなど絶賛を博した。今回の上演は、そんな傑作ミュージカル十八年ぶりの再演であり、同じ轟悠主演で、望海風斗と真彩希帆以下、現雪組生の出演による、宝塚歌劇としては非常にまれな形での邂逅になっている。

STORY

一九三八年、第二次世界大戦前夜のヨーロッパは、ファシズム台頭の暗雲に覆われ、革命や内戦、ナチスの選民思想による迫害などから逃れた亡命者たちが、わずかに灯を残すパリに集まり始めていた。そんな一人に、ゲシュタポに追われている友人をかくまったという容疑で激しい拷問を受け、ナチスの強制収容所からかろうじて脱出したドイツ人の医師ラヴィック（轟悠）がいた。彼は旅券も身分証明書もない亡命者たちの事情をくんで、宿を提供しているフランソワーズ（美穂圭子）が経営するオテル・アンテルナショナールに、さまざまな事情を抱える亡命者たちとともに身を置き、私立病院の院長でラヴィックの医師としての能力を高く買っているヴェーベル（彩凪翔）のあっせんで、モグリの医師として生きていた。

ある雨の夜、ラヴィックはセーヌ川に架かるアルマ橋の上で、憔悴しきっていまにも身投げせんばかりの女性ジョアン（真彩希帆）に出会う。イタリアからパリに来たばかりだというジョアンは、連れ合いの男性がホテルで死んでしまい、どうしていいのかわからないと錯乱していた。行きがかりから彼女を助ける形になったラヴィックは、ロシアからの亡命者であり親友のボリス（望海風斗）に託し、ボリスがドアマンを務めるナイトクラブ・シェーラザードでジョアンが働けるよう取り計らう。

それから三週間。ようやくシェーラザードを訪れたラヴィックを、いまやクラブの人気歌手になっていたジョアンは、全身に喜びを表して迎え、ラヴィックに生きる希望を与えられ自分は生まれ変わったと、まっすぐな愛情をぶつけてくる。寄る辺ない亡命者という自覚から、自らの心を押し殺していたラヴィックも、そんなジョアンのひたむきさに引かれていく気持ちを抑えることができなくなっていた。

激しく愛し合うようになる二人。だが戦争の暗い影は日一日と濃くなり、つかの間の安らぎを求めて旅立ったアンティーブでジョアンは、彼女のファンだという俳優アンリ・ジャルダン（彩風咲奈）の歓待を受けて有頂天になるが、そんな安らぎに満ちた生活を彼女に与えることは、いまのラヴィックにできようはずもなかった。折も折、ジョアンとともにパリに戻ったラヴィックは、義侠心から通りすがりのけが人を助けたことで、亡命者の身の上が発覚して国外退去を命じられてしまい……。

二〇〇〇年に初演されて高い評価を得たこの作品は、迫りくるファシズムの足音の恐怖にさいなまれながら、明日への希望を見いだせずにいる人々が、なお懸命に生きようとする心のありようを描いた柴田侑宏の繊細な脚本に、回り舞台を多用した舞台転換と、ダイナミックなダンスを持ち込んだ謝珠栄の演出のエネルギーが加わった、骨太な仕上がりが特徴的なミュージカルだった。特に、宝塚で通常描かれる男女の、美しく至高の恋愛像とは相当に異なる、嫉妬や妄執や独占欲といった、人間くさい愛憎を絡めながらも、これが遺作になってしまった宝塚のモーツァルトとも称された寺田瀧雄の「パラララ、パラララ、パラララー」のフレーズがことさら印象的な主題歌「雨の凱旋門」をはじめとしたオリジナルの佳曲と、あまたのシャンソンの名曲の見事な融合が彩りを添え、暗く重い時代を描きながら適度に現代的なミュージカルナンバーを挿入させるバランス感覚が、作品を宝塚の舞台に着地させていたのが印象深い。何よりも主演の轟悠と月影瞳のコンビが、当時の宝塚全体のなかでも突出して大人の雰囲気をもっていたことと、香寿たつき、汐風幸、安蘭けい、朝海ひかる、成瀬こうきなど男役の層が特段に厚かった雪組の陣容が作品に群像劇の香りも醸し出していて、フィナーレ付きの後物作品だった初演でのパリ解放のシーンを挟んで華やかなパレードに突入する流れに、希望が感じられたものだ。

その一方で、この作品は翌年の二〇〇一年博多座でも上演されていて、このときには荻田浩一の傑作ショー『パッサージュ』との二本立てによる前物になったことから、ラヴィックの「灯火管制か。あまりに暗くて凱旋門も見えない」の台詞のあと、背中を見せた轟のシルエットに幕が下りてくるという終幕になり、この時点で雪組トップスターとして充実の時を迎えていた轟が、背中で幕を切った見事さが深い印象を残している。しかもこの公演にはさらなるサプライズがあって、休憩後、ショーの開演直前に戦闘の音が響き、やがてそれが去っていくと同時に『パッサージュ』の幕が上がり、場面が進行したのち、最後のパレードだけが初演の『凱旋門』のパレードに準拠したものに入れ替えられて、『パッサージュ』自体が戦禍を経たあとのパリの姿であるという、一つの大きな世界観のなかに二作品が納まるミラクルが仕掛けられていた。ここにもやはり、『凱旋門』の時代を生きた人々がたどる艱難辛苦の果てに、パリが解放され平和な時代を迎える、希望を見いだすことができていた。

だが、二〇一八年のいまあらためてこの『凱旋門』という作品に接して感じるのは、長引く戦乱と、それが生む膨大な難民を抱えながら、世界全体が保護主義という名の排他的空気に覆われているいまの時代が、初演時よりはるかにこの作品の時代に生きた人々の苦悩に、現実感を与えてしまっているという事実だった。本来ならば、二十年近い時が流れる間に、この空気はさらに遠くなり、歴史の一コマに近づいていくことが、世界の理想だったはずだ。それがむしろ身近になっている事態には暗澹とするばかりだが、だからこそ今回一八年版の『凱旋門』が描いたラストシーンには、いまのこの時代に生きる人々がなすべきことが描かれている。終幕ラヴィックは万感の思いを胸に舞台の奥の暗闇に沈む凱旋門を見つめ、銀橋から花道に去り、本舞台でボリスをはじめとしたパリに残る人々がもう一つの主題歌ともいえる「いのち」を歌い上げる。どのような不安のなかでも、絶望のなかでも、人は光を求め、自由を、明日を信じて生きるのだと、祈りのように、誓いのように歌われる、信じる心があれば明日はくる、決して希望はついえはしないというコーラスのなか、一八年版のミュージカル『凱旋門』の幕は下りる。胸をわしづかみにするこの終幕に、一八年のいま『凱旋門』が再演された、この作品を宝塚があらためて世に問うた意義のすべてが詰まっていた。どんな時代であっても、どんな空気のなかにあっても理想を語ること、希望の未来を信じることの尊さを、この終幕は見事に伝えてくれている。

そんな二〇一八年版の『凱旋門』を初演の主演者である同じ轟悠が務めているのは、宝塚歌劇という世界のなかではほとんど奇跡に近いものだ。時分の花を咲かせて潔く散ることを美学にしている宝塚のトップスターの任期は、ここ最近では三年から長くても五年程度で、男役としての充実を見ることは多くあっても、成熟を見ることは少ない。現に轟自身を思っても、この『凱旋門』の博多座公演で幕を切った背中には、客席にいて男役の本懐を遂げたことが見て取れて、もういつ花道を飾っても悔いがない次元に到達しているように感じられたものだ。けれどもその感触がまったく的はずれなものだったことを、一八年再びラヴィックを演じる轟から教えられた思いがする。それほど轟のラヴィックは、人間味にあふれ、自らに禁じていた恋に溺れ、嫉妬に狂い、また一方で自分の運命を暗転させたゲシュタポへの復讐に燃える、ドロドロとした感情をすべてさらけ出してなお、宝塚の男役だった。そこには寸分の隙もない、スタイリッシュなこの世のものではない男性像を追求する男役道を極めて、それらを意識のなかから完全にはずしても美しい、という境地に達した人だけがもてる究極の自然さがあって、ただ目を見張る。実際、轟のラヴィックはここまで宝塚の男役が、しかも大劇場の主人公がボロボロになった姿をあらわにしたことがかつてあっただろうかと思うほどの迫真の演技を見せたのち、ラストシーンで花道に去る直前、涙を浮かべながらほほ笑む。この瞬間にほほ笑むラヴィックというのは、どこか想像の外にあって、虚を突かれたような思いがした。だがボリスが用意したパリで生き延びる唯一の手段を若い恋人たちに譲り、強制収容所に入る道を選ぶラヴィックが、ジョアンとの恋の果てに見たもの、明日への希望を託した思いを、ほほ笑みとして集約しえたのは、時分の花を咲かせて散ることを選ばなかった轟にだけ許された表現だっただろう。春日野八千代が男役として成熟していく過程には立ち会えなかった世代にとって、スターとしての男役芸が円熟していくのを見たのは初めてのことだ。このラヴィックが宝塚の舞台に再び現れてくれたこと、企画と轟の存在、そしてともに舞台を作り上げた雪組メンバーすべてに感謝したい。

その筆頭がもちろんボリスに扮した望海風斗で、ここまで巨星といえる存在になった轟のラヴィックに対峙して、ちゃんと親友だったばかりか、むしろ懐深くラヴィックを包み込む存在としてボリスを演じきった望海の力量には、尋常ならざるものがある。当代きっての実力派スターだということは周知の事実だとしても、ここまでその深さが絶大だったことには、あらためて感服するしかない。ストーリーテラーとしての要素が書き加えられているとはいえ、トップスターとしてはもちろん、二番手の男役が演じる役柄としても決して出番が多いほうではないボリスを、望海の存在感が十二分にふくらませ、多彩なミュージカルナンバーをときに洒脱に、ときに切々と歌い上げたことが、作品にどれほど大きな効果を上げたかは計り知れない。特に終幕の「いのち」の思い深い絶唱が、望海の豊かな歌唱力によって届けられたことは、作品にとってももちろん観客にとっても何より幸福なことだった。

一方、ジョアンを演じた真彩希帆も、宝塚のヒロインとしては非常に難しい役柄に、情熱のすべてで飛び込んだ潔さが際立っている。自分の欲望に正直で、極端に孤独を恐れるジョアンが、手を差し伸べてくれたラヴィックに一途に恋するのも、そのラヴィックが突然目の前から消えてしまった恐怖を埋めるためにアンリに走るのも、どこかで仕方がないなと思わせたのはたいしたもの。この女性がもつ心もとなさを表し、いやな女に見えかねない危険をはらむジョアンを、ヒロインとして支えた真彩が果たした功績にも大きなものがあった。

そのジョアンをいやな女に見せなかったことに大きく寄与したのが、アンリを演じた彩風咲奈の存在。彩風がアンリ役というキャスティングが発表された段階では、初演のイメージもあって相当意外な思いがしたが、アンティーブのシーンで彩風のアンリが颯爽と登場したときの、舞台がパッと明るく輝いた効果の大きさにすべての得心がいった。パリの暗い空の下ではなく、この太陽のもとの豪華な暮らしや、安定した身分が保証されているアンリに、ジョアンの心が動くことを決して責められない。そう思わせるに足る彩凪の力量とスター性を見事に生かした起用になった。

また医師としてのラヴィックを信頼し、パリでの生活をある意味で保証してもいる病院長ヴェーベルの彩凪翔も、轟のラヴィックの友人として過不足ない大人の男を表出して目を引く。ある種の利害関係があることで、同じ友人とはいってもラヴィックに対してボリスとは明らかに立ち位置が異なるヴェーベルを、パリジャンの粋も含めて描き出していてますます力をつけている。

彼ら主要人物の存在感が大きいだけに、初演では群像劇と感じられた部分がやや後退してはいるものの、亡命者グループにもそれぞれ大きな役割があるのがこの作品の豊かさ。そのなかでラヴィックが未来を託すハイメ・アルヴァレスの朝美絢とユリアの彩みちるは、『レ・ミゼラブル』（一九八五年初演）のマリウスとコゼットに当たる役柄に説得力を与える、あくまでも仲むつまじいカップルであることを、歌やダンス、さらに台詞がないところでも体現していて美しい。フィンセント・ファン・ゴッホの絵を片時も手放さないローゼンフェルトの永久輝せあは、おそらく本公演でここまで大きな役が付いたのは初めてだと思うが、そのことのほうにむしろ驚かされる安定感。どこかでちゃめっ気があるのもこの役柄を生かしている。一方、その逃げ足の早さで「死の鳥」とあだ名されるマルクス・マイヤーの煌羽レオは、笑顔のなかに眼光の鋭さを秘めたマルクスの、ナイフのように冷ややかな内面をよく表現している。この人も本公演でここまでの大役は初めてだと思うが、まったく危なげないばかりか、望海、永久輝と三人でのナンバーも遜色なく務め、あらためて優れた力量を示していて頼もしい。アーロン・ゴールドベルクの真那春人の誠実さゆえの不幸と、ルート・ゴールドベルク夫人の朝月希和とヴィーゼンホーフの縣千との人目をはばかる余裕もない浮き立つ恋との対比を、三人が巧みに演じ互いに照らし出している。また、フランスに亡命しているユダヤ人家族というだけでドラマに悲しみを加えるビンダー一家の久城あす、早花まこ、潤花の存在が切ない。

ほかにもヴェーベルの病院の看護婦長ウージェニーの梨花ますみ。ラヴィックの仇のゲシュタポ・シュナイダーの奏乃はると。ラヴィックに命を救われる娼婦リュシェンヌ・マルチネの舞咲りん。そのヒモのペペの綾凰華。命を長らえることだけが生きていることではないとラヴィックに語る重要な役柄ケート・ヘグシュトレームの沙月愛奈。ラヴィックを利用している病院長アンドレ・デュランの透真かずき。パリ警察のアベールの桜路薫。粋なバーテンの橘幸。回想シーンのラヴィックのかつての恋人シビールの星南のぞみなど、雪組の一人ひとりが働き場を得ているのが作品を底支えしているし、さらに特筆すべきがオテル・アンテルナショナールの経営者フランソワーズで専科から特出した美穂圭子。義侠心をもち、危険を冒して亡命者を守るが、あくまでも商売ですと振る舞う、劇中最も大きな心根をもつ人物を美穂が見事に描き出し、その滋味深い豊かな歌声で作品に寄与した力がすばらしかった。

総じて、いまなぜ『凱旋門』なのかという答えを、轟悠と望海風斗以下出演者全員が舞台から発している見事な仕上がりで、宝塚歌劇がもつ力を最大限に示した再演になっている。

そんな重厚な作品のあとに控えたのが『Gato Bonito!!』で藤井大介の作。クールでしなやかで、懐いたかと思うとプイッと背を向ける気まぐれさが人を魅了してやまない猫のイメージと、男役望海風斗のミステリアスでシャープな持ち味とを重ね合わせた熱いラテンショーになっている。

冒頭からあっと驚かされる仕掛けの連続で、彩風以下銀橋にズラリと並んだ男役たち、やがてまさに猫のように横たわる望海と、たたみかける登場の迫力に引き付けられる。特に「コパカバーナ」の望海と真彩の掛け合いが、歌えるトップコンビの特性を十二分に生かしたフルパワーのぶつかり合いで、宝塚としてはきわめて珍しいデュエットに爽快な醍醐味があふれる。

彩風と朝月を中心にしたシーンはピアノをモチーフにしたセットも美しいし、彩風、彩凪、朝美、永久輝が望海に妖しく絡むシーンもカラフルで、スターに寄って見たときはもちろん、引いて全体を見ても美しい場面の連続。タンゴクラブのＡＮＪＵ、サバンナのアフリカンなダンスの中塚皓平と、振付陣の仕事にも目を引くものが多い。

何より、雪組のスターというスターが上級生から下級生まで実にバランスよく場面を担っていて、目に耳に楽しく、そのうえで歌える人が歌い、踊れる人が踊る藤井の目配りの巧みさには感嘆する。ラテンショー＝黒塗りという発想は、そろそろ打ち止めにしてもいいのではと思わないではないものの、日焼けにヒョウ柄がトレードマークのショー作家藤井大介の優れた仕事を目にすると、まぁ黒塗りもたまにはいいかなと思わされる。望海風斗が率いる雪組のパワー全開の、何度でもリピートしたくなる魅力にあふれたショー作品だった。

公演情報

雪組

『凱旋門』

脚本：柴田侑宏

演出・振付：謝珠栄

『Gato Bonito!!』

作・演出：藤井大介

宝塚大劇場〔2018年6–7月〕／

東京宝塚劇場〔18年7–9月〕

望海風斗&真彩希帆コンビの歌唱力が際立つお披露目公演

——『ひかりふる路《みち》——革命家、マクシミリアン・ロベスピエール』『SUPER VOYAGER!』

新トップコンビ、望海風斗&真彩希帆率いる新生雪組のお披露目公演でもある『ひかりふる路《みち》——革命家、マクシミリアン・ロベスピエール』は、フランス大革命を押し立てた中心人物の一人でありながら、のちにフランスに恐怖政治の嵐をもたらした独裁者として伝えられているマクシミリアン・ロベスピエールが、真に目指した理想とはなんだったのかを描いた生田大和の新作。楽曲のすべてを現代のミュージカル界のヒットメーカーの一人として、世界で活躍しているフランク・ワイルドホーンが書き下ろしたことに、大きな注目が集まった作品になっている。

STORY

一七八九年のバスティーユ監獄襲撃から勃発したフランス大革命は、九二年に王政廃止と共和国の宣言によって、革命暦元年を迎えたものの、ブルジョアジーを代表するジロンド派と、サンキュロット（下層市民）の支持を得て台頭してきたジャコバン派との間の危ういバランスのなかで、新たな局面を迎えていた。

一七九三年一月、国王ルイ十六世の裁判が開かれ、ジャコバン派のルイ・アントワーヌ・ド・サン＝ジュスト（朝美絢）が登壇。「国王という存在自体が罪なのだ」と演説。ついにルイ十六世は処刑台へと送られる。フランス大革命の輝かしい勝利を喜ぶ民衆へ向け、ジャコバン派の司法大臣ジョルジュ・ジャック・ダントン（彩風咲奈）は「いまこそ、われわれの指導者、マクシミリアン・ロベスピエールの言葉を聞こう！」と促す。フランスに新時代を築いた革命の指導者マクシミリアン・ロベスピエール（望海風斗）の「人は運命の奴隷ではない、本当の自由を手にするまでともに進もう」という高らかな演説に、人々は「ロベスピエールこそが革命そのものだ」と熱狂する。

だが、そんなロベスピエールに、憎しみの目を向ける女性がいた。彼女の名はマリー＝アンヌ・ド・ブノア（真彩希帆）。革命によって、ただ貴族であるというだけの理由で家族や恋人を殺され、幸福な人生のすべてを奪われたマリー＝アンヌは、革命の象徴だとたたえられるロベスピエールを暗殺することで革命への復讐を果たそうと機会をうかがっていたのだ。

その機会は意外にも早く訪れる。ロベスピエール、ダントン、そして二人の同志であるジャーナリストのカミーユ・デムーラン（沙央くらま）の三人が、これからもともに革命の理想のために協力していこうと誓い合っていたジャコバン・クラブで、酒に酔った勢いでマリー＝アンヌに絡んできた議員たちをいさめたのがロベスピエールその人だった。行きがかりからロベスピエールに夜道を送られることになったマリー＝アンヌは、闇に紛れて刃を向けようとしたロベスピエールの瞳のなかに、新しい時代の希望を見いだしている自分に驚く。ロベスピエールもまた、強い光を放つマリー＝アンヌの瞳に引かれるものを感じていた。

しかし、国王の処刑という事態に諸外国がフランスに宣戦を布告。市民の徴兵をめぐってロベスピエールとダントンが対立して、革命政府は混乱。この機に乗じたジロンド派の女王マノン・ロラン夫人（彩凪翔）は、ひそかにフランスに帰国していた元オータン司教タレーラン・ペリゴール（夏美よう）と謀り、ダントンが国庫からイギリスに多額の金銭を送っていた事実を突き止め、サン＝ジュストに密告する。ダントンの存在をもとより快く思っていなかったサン＝ジュストは、ロベスピエールにダントンが共和国を裏切っていたと告発。盟友の行動に激怒したロベスピエールは、イギリスに送った金銭は開戦を阻止するためのもので、革命の理想を成就するためにこそ現実を見るべきだ、とのダントンの言葉にも耳を貸さず、彼を辞職に追い込む。

革命が達成されれば必ず理想にたどり着く。次第にその思いに取り付かれていくロベスピエール。彼には、人々の命を犠牲にしてたどり着く理想などないと訴えるマリー＝アンヌの懇願もすでに届かず、ロベスピエールは、革命の敵とみなした者たちを粛清していく「恐怖政治」への道をひた走っていき……。

伝家の宝刀『ベルサイユのばら』（一九七四年初演）を頂点にして、宝塚歌劇の世界にはこれまでにも、フランス大革命を扱った非常に多くの作品が登場している。特に海外ミュージカルの『THE SCARLET《スカーレット》 PIMPERNEL《ピンパーネル》』（二〇〇八年初演）、『１７８９――バスティーユの恋人たち』（月組、二〇一五年）といった大作だけでなく、植田景子の『ジャン・ルイ・ファージョン――王妃の

調香師』（星組、二〇一二年）、小柳奈穂子の『ルパン三世――王妃の首飾りを追え！』（雪組、二〇一五年）、原田諒の『瑠璃色の刻《とき》』（月組、二〇一七年）と、宝塚歌劇の中堅から若手の作家たちが、新たな切り口でフランス大革命を描いたオリジナル作品を手掛け続けている流れを見ても、『ベルサイユのばら』初演以降の宝塚四十四年の歴史のなかで、このメガヒット作品の世界を、独自の視点で構築してみたいという欲求は、宝塚歌劇の将来を担う若い作家たちにとって、きわめて大きなものなのだろうと思わされる。

その一人である生田大和が、生田版フランス大革命の世界の主人公に選んだのが、マクシミリアン・ロベスピエールだった。生田は作品の制作発表記者会見で、これまで宝塚歌劇が上演してきたフランス大革命物のほとんどは、バスティーユ陥落＝大革命の勃発を頂点にしていて、そのあとの革命の変遷を描いた作品はほぼない。なぜ理想に燃えた革命の指導者ロベスピエールが、恐怖政治の頂点に立つ独裁者になっていったのか、ここにフォーカスすることで、宝塚歌劇に新しいフランス大革命物の作品を作り上げることができるのではないかと思った。歴史の事実は変えられないが、その間にあった人間の思いを描きたい。そう静かに熱く語っていた。

だから、生田の作家としての決意に、並々ならないものがあったことはよくわかる。しかも宝塚歌劇団が、そんな若手作家の挑戦を全力でサポートした結果が、作品の楽曲をフランク・ワイルドホーンが全曲書き下ろすという破格の豪華さにつながったのだと思うだけで、次の百年への道を歩み続ける宝塚の本気が感じられてまぶしいほどだ。実際に、ワイルドホーンの楽曲は、佳曲、佳曲の連続で、作中の楽曲を聴いているだけでも、幸福な気持ちになれる力には恐れ入るしかない。ミユージカルというジャンルが、いかに音楽の魅力によって成否が左右されるものなのかを、あらためて感じるナンバーがそろったのはすばらしいのひと言だ。

ただ、やはり宝塚歌劇がなぜ、バスティーユ陥落以降のフランス大革命を描いてこなかったのかという、生田がここに鉱脈があると感じたその空白の理由が、『ひかりふる路』のなかに図らずも浮かび上がったのも、また確かなことだった。というのも、これはあるいは皮肉な輪廻かもしれないが、宝塚歌劇のなかには確実に『ベルサイユのばら』が描いた革命史観というものが脈々と息づいていて、ロベスピエールはあくまでもその革命史観から見れば敵側の人間になってしまうからだ。彼はルイ十六世を、王妃マリー・アントワネットを処刑した側の人間であり、そこから続く血塗られた恐怖政治の時代の中心人物だ。この事実は思った以上に、宝塚作品としての『ひかりふる路』に大きな影を落としている。最も端的にいって、ロベスピエールは宝塚作品の主人公に据えるには、やはりきわめて難しい存在だったといわざるをえない。

もちろんその点にはさまざまな配慮や工夫がなされていて、この作中のロベスピエールは、ひたすらに理想を追い求めるあまりに視野を狭くしていった、潔癖で清廉すぎたために自らを追い込んだ、ある意味の悲劇の人であって、決して権力に固執した人物ではないことがよくわかる。しかも見方によっては、彼を取り巻く側近たち、特にサン゠ジュストがロベスピエールを崇拝するあまりに彼を神格化し、本音で語り合える人々から彼を孤立させていったともとれる描写も多い。潔癖なロベスピエールとの対比として、老獪な政治家タレーランを配し「何事も始めるより終わらせることが難しい。終わらせることができなければ破滅だ」と再三語らせていることも、理想に燃えた革命家にはなれても、清濁併せ呑む政治家にはなれなかったロベスピエールの、まっすぐすぎる生きざまを照射する力になっている。けれども、もう一度翻せば、それらのすべてが、ロベスピエールの器を小さく見せてしまう危険も大きく「みんなが楽しく食って飲めれば理想なんてどうでもいい」と言い切って、断頭台の露と消えるダントンのほうが、見る者のシンパシーを得かねない。

そう思えば思うほど、生田が登ろうとした山の高さに、あらためて驚く思いがするのと同時に、『1789』上演時に演出の小池修一郎がパンフレットの作者言に書いた言葉を思い出さずにはいられない。小池はいみじくもこう書いている。

「さて、宝塚と言えば『ベルばら』帝国である。かく申す私自身『ベルばら』的革命史観に洗脳されていると言って過言ではない。我々が思うフランス革命とこの作品の接点を捜しあぐねた」

この視点をもっているために、小池が宝塚の舞台に乗せた『1789』は、主人公の恋人役ではなく、王妃マリー・アントワネットをトップ娘役に演じさせるという離れ業をあえてしてまで、マリー・アントワネットを際立たせていたし、王妃の処刑も小さなギロチンの模型の刃が落ちるだけの、あくまでも暗喩の描写にとどめていた。さらにこの『ひかりふる路』と同じ恐怖政治の時代をイギリス貴族の視点から描いた『THE SCARLET PIMPERNEL』では、宝塚版だけの工夫として、秘密結社スカーレット・ピンパーネルの最終目標を、マリー・アントワネットの遺児である王太子ルイ・シャルル奪還に置いていた。いま思えば、なんと周到な仕掛けかとあらためてうならされるが、いまや宝塚だけでなく、日本のミュージカル界の牽引者である小池をして、宝塚でこの時代を描くときには細心の注意を払って、彼がいう『ベルばら』帝国に作品を寄せているのだ。

こう見比べると、くしくも小池がタレーランで、生田がロベスピエールかのように感じられるのはかなり示唆的だが、やはり何よりも作家生田大和が、蛮勇に近いほどの勇気をもってこの時代に挑んだこと、ひいては『ベルばら』帝国のタブーともいえる人物をセンターとして描くことを、宝塚歌劇団が可としたことは、ひたすらに挑戦を続けて百年の歴史を紡いだこの劇団の懐の深さを示していたといえる。今回最も際立ったのは、そのしぶとさだったのかもしれない。

そんな生田の挑戦の最後の背中を押したのが、雪組新トップスター望海風斗の存在であることは論をまたない。抜群の歌唱力、ちょっとニヒルで色悪の役柄も十分にこなす個性と演技力。望海がもつこれらの魅力と資質が、宝塚でロベスピエールを主人公にすることを決断させたのは間違いないし、望海もまた渾身の力で役柄に挑んでいて、その姿には脱帽するばかり。何よりもワイルドホーン独特の、豊かな声量がなければ楽曲の真の魅力を伝えて歌いこなすことはできない壮大なミュージカルナンバーの数々を、客席に一つのストレスもなく届けた歌いっぷりには、ひれ伏す気持ちになる。主題歌「ひかりふる路」の希望に満ちた輝きが、望海の見事な歌唱によって響き渡るからこそ、のちの悲劇も際立ち、当代一の歌唱力を誇るトップスターが雪組に生まれたことに、惜しみない喝采を送りたい。『アル・カポネ――スカーフェイスに秘められた真実』（二〇一五年）、『ドン・ジュアン』（二〇一六年）、そして今作と、近年の主演作では、宝塚としては異色の人物を演じることが続いたが、望海のトップ時代は始まったばかり。ぜひ、彼女のさまざまな表情が見られる作品が用意されることを期待している。

その望海の相手役になった真彩希帆も、間違いなく当代一の歌唱力のトップ娘役で、ここまで歌える人材がそろったコンビも珍しい。特に作品中でほぼ唯一の創作の人物であるマリー＝アンヌは、非常に大きなドラマを担っていて、宝塚以外でこの作品が上演されるとしたら、確実に主役はヒロインになるだろうというほどの存在だが、思い切りよく役柄に飛び込んだ熱演で、大劇場初ヒロインの大任を果たしたのはあっぱれ。冒頭のソロ「革命の犠牲者」もドラマチックに歌い上げ、望海とのデュエット「今」「葛藤と焦燥」などは、二人の声の相性のよさも手伝い、まさに耳福のとき。歌を主体にしたミュージカルへの期待が高まるコンビの船出になった。

この公演からやはり雪組の二番手男役スターとして確立した彩風咲奈の存在もまた、非常に大きなものになっている。宝塚の男役としてこれ以上ないほど恵まれた抜群のプロポーションはもちろん、芸風におおらかさがあるのも生きていて、豪放磊落で、物事の現実を見ることができるダントンの器の大きさが十二分に伝わってきた。特に、ロベスピエールと二人での最後の説得のシーンは、ほぼあの場面だけがストレートプレイかのような台詞の応酬で描かれるが、望海に対して一歩も引かずに対峙して、ダントンの「こっちにこい」という思いが見ている者にも祈りのように伝わる、彩風の力量をあらためて感じさせて秀逸だった。いつの間にか本当に頼もしい存在になっていて、今後がますます楽しみだ。

望海のロベスピエール、彩風のダントンと、固い友情で結ばれているデムーランには、専科の沙央くらまが扮した。三人のなかでは末っ子的な存在のデムーランに、すんなりとなじんでほほ笑ましさまで醸し出すのは、沙央の優れた演技力あってこそ。宝塚の宿命とはいいながら、本当にいい役者になったとしみじみと思えるときに退団してしまうのは無念だが、はつらつとした若手スターだった沙央の記憶が鮮やかな雪組で宝塚人生のフィナーレを飾れたことを、その有終の美を長く記憶していたいと思う。

彼らと関わる女性たち、ダントンの妻ガブリエル・ダントンの朝月希和は花組から組替え後の雪組デビューを、優しく気っ風がいい役柄の造形で飾ったし、デムーランの妻リュシル・デムーランの彩みちる、ロベスピエールを思うエレオノール・デュプレの星南のぞみ、ロベスピエールの妹シャルロット・ロベスピエールの野々花ひまりなど、組の期待の娘役たちの配置がよく考えられている。

一方、ロベスピエールの側近には勢いがある男役たちがそろっていて、サン＝ジュストの朝美絢も雪組本公演デビューだが、ロベスピエールを崇拝し、むしろあおり立てていく役柄を、冷たい微笑で描いている。特に、ダントンを断頭台に送ったあとに漏らす喜びの表情は怖いほどで、作品の重要なアクセントになっていた。同じく側近のフィリップ・ル・バの永久輝せあは、東京公演に際して台詞が増え、ロベスピエールに「恐怖政治」へのきっかけを与える人物として重要度が増したのが何より。それでもすでに役が軽く感じられるのは、永久輝の地力が着実に上がってきている証しだろう。同じく側近であり、ロベスピエールの弟でもあるオーギュスタン・ロベスピエールに綾凰華が入り、この人も雪組デビューであることを考えると、新生雪組の顔ぶれはずいぶん新しくなった。その一人ひとりが活躍しているのも組の活性化につながっている。

もちろん、従来の雪組メンバーの充実も大きく、その筆頭がロラン夫人の彩凪翔。本来男役の彼女が演じるからこそ、ジロンド派の女王の存在が作品のなかで大きく見える効果もあり、何より持ち前の整った容姿が役に生きている。ジョゼフ・フーシェの真那春人は終幕への展開につながる存在感を示したし、ルイ＝マリ・スタニスラス・フレロンの煌羽レオはむしろ役柄を本人の力で大きく見せている。黒幕として登場するタレーランの夏美ようの得がたさはいうまでもなく、舞咲りん、早花まこ、愛すみれらの歌唱力も、ワイルドホーンの美しいメロディーを美しいまま聞かせる効果になった。

そのワイルドホーンのメロディーがやはり作品の根幹を力強く支えていて、終幕、望海と真彩のデュエット「今」から、歌がないメロディーだけで「ひかりふる路」が奏でられることで、作品の幕切れにどこか希望を感じさせるのは驚異的だ。ぜひ宝塚の財産として歌い継がれてほしい楽曲が多く生まれたことは、何よりの収穫だったといえるだろう。

そんな作品のあとに控えた『SUPER VOYAGER!』は、望海風斗と真彩希帆コンビが率いる新生雪組のお披露目に徹頭徹尾照準を絞った豪華絢爛なレビューで、野口幸作の作品。自ら「宝塚オタク」と称する野口ならではの宝塚愛、望海愛が炸裂していて、豪華客船の出航を描いたプロローグから、息つく暇なしの盛りだくさん。おそろいのポンポンで客席と盛り上がる場面あり、ドラマ仕立ての場面あり、ラテンあり、男役が女役に回ったならではの見事な脚線美の披露あり、若手男役たちのアイドル場面あり、ジャニーズの名曲中の名曲あり、と、むしろないものはないという状態。

さすがに望海のこれまでのヒストリーが映像で出るに至っては、これをお披露目でやってしまいますかと驚く思いもないではなかったが、次の作品のためにアイデアを取っておくという気持ちなどみじんもない、新進作家ならではのある意味のやりたい放題がすがすがしいかぎり。若い作家にしては選曲が微妙にレトロなのも、『ひかりふる路』のあとのレビューとしては非常に収まりがよく、二本立てのバランスも抜群。去りゆく沙央に作品のなかで「サヨナラショー」のような場面が用意されているのも、美しい配慮として心に染みた。
さらに、トップコンビのデュエットダンスがほとんどデュエットソングだったのに対して、彩風、永久輝、縣千を中心にした「海の見える街」がカラフルなスーツでひたすら踊りまくるだけ、という徹底ぶりも爽快で、雪の結晶に飾られた望海の大羽根も美しく、宝塚を見た、という濃い満足感を覚えるレビュー作品になっている。

公演情報

雪組

『ひかりふる路《みち》——革命家、マクシミリアン・ロベスピエール』
脚本・演出：生田大和
作曲：フランク・ワイルドホーン
『SUPER VOYAGER!』
作・演出：野口幸作

宝塚大劇場〔2017年11–12月〕／東京宝塚劇場〔18年1–2月〕

新トップコンビ紅ゆずる＆綺咲愛里華やかにお披露目！
——『THE SCARLET PIMPERNEL《スカーレットピンパーネル》』

『THE SCARLET PIMPERNEL《スカーレットピンパーネル》』は、一九九七年にブロードウェイで初演されて大ヒットを記録したミュージカル。バロネス・オルツィの小説『紅はこべ』（一九〇五年）を原作に、大革命勃発後で恐怖政治の嵐が吹き荒れるフランスで、次々と処刑されていく罪なき貴族たちを救うべく、イギリス貴族のパーシヴァル・ブレイクニーが仲間たちと秘密結社を結成し、スリルと知恵で歴史の荒波に立ち向かう冒険活劇の要素と、それによってすれ違う夫婦の心理を描いた娯楽作品は、フランク・ワイルドホーンの数々の名曲とともに喝采を浴びた。

このブロードウェイミュージカルに、ワイルドホーンが宝塚版のために書き下ろした佳曲「ひとかけらの勇気」を主題歌に据え、王太子ルイ・シャルルの救出劇という新たな軸を加えた、小池修一郎の潤色・演出による宝塚バージョンが二〇〇八年に星組によって本邦初演。安蘭けい、遠野あすか、柚希礼音らによる上演は絶賛を博して、第十六回読売演劇大賞優秀作品賞、第三十四回菊田一夫演劇大賞を受賞。続く一〇年、霧矢大夢、蒼乃夕妃、龍真咲、明日海りおらによる月組での再演も大好評で、常に再演の呼び声が高い宝塚歌劇の人気演目に成長を遂げた。また、一七年、石丸幹二、安蘭けい、石井一孝らの出演による、梅田芸術劇場企画・制作の男女版の上演も大ヒットを飛ばしていて、日本ミュージカル界全体でも広く愛される作品として定着している。

今回の上演は、そんな作品の宝塚歌劇での三演目であり、本邦初演である二〇〇八年の星組公演時に、新人公演で主人公パーシヴァル・ブレイクニーを演じ、スターダムに躍り出た紅ゆずるが、星組のトップスターとしてのお披露目公演で再び同役を演じるという、ドラマチックな邂逅による舞台になっている。

STORY

一七九四年のフランス、パリ。八九年に起こったフランス大革命から数年がたったパリの街では、マクシミリアン・ロベスピエール（七海ひろき）を指導者にするジャコバン党によって、貴族たちが次々と捕らえられ、公正な裁判もないままに断頭台へと送られる日々が続いていた。そんなフランス革命政府が敷く恐怖政治に異を唱える人物がいた。彼の名はパーシヴァル・ブレイクニー（通称：パーシー。紅ゆずる）。イギリス貴族である彼は、誰にもその正体を知られないまま、赤い星型の花「スカーレット・ピンパーネル」を名乗り、無実の罪で処刑されていくフランス貴族をひそかに救い出しては、国外に亡命させる活動を続けていた。

そんな日々のなかでパーシーは、コメディーフランセーズ劇場の花形女優マルグリット・サン・ジュスト（綺咲愛里）と恋に落ち、二人は電撃的に婚約。海を渡ってイギリスでパーシーの妻になる道を選んだマルグリットは、最後の舞台で観客に別れの挨拶をしていた。だが、思いあまって革命政府を批判する発言をしたマルグリットにロベスピエールは怒り、配下の公安委員ショーヴラン(礼真琴)が公演の中止と劇場の閉鎖を言い渡す。かつてマルグリットとショーヴランは革命の夢を追い、ともに闘った同志だったが、マルグリットは恐怖政治に疑義を抱き、ショーヴランはロベスピエールのもと、粛清の道を突き進むことが革命の成功をもたらすと信じ、互いの道は遠く離れていた。

それでもマルグリットとの絆は切れていないと思い込むショーヴランは、劇場の閉鎖を解くことと引き換えに、反共和派の貴族でスカーレット・ピンパーネルの正体を知る人物と目されているサン・シール侯爵(夏樹れい)の居どころを教えろとマルグリットを脅す。悩んだ末、マルグリットは侯爵に危害を決して加えないという条件で、侯爵の隠れ家を知らせる手紙をショーヴランに渡してしまう。だが、ショーヴランがそんな約束を守るはずもなく、スカーレット・ピンパーネルの正体を決して明かさなかった侯爵は、断頭台へと送られる。

そんな顚末をつゆ知らぬまま、イギリスに戻ったパーシーとマルグリットは、大勢の友人たちに祝福され、結婚式を挙げていた。だが、幸福の絶頂にあるパーシーは、スカーレット・ピンパーネルとしてともに行動している友人アントニー・デュハースト(壱城あずさ)から、フランスでサン・シール侯爵が処刑されたことを知らされる。侯爵の隠れ家を知っていたのはパーシー、デュハースト、もう一人のスカーレット・ピンパーネルの仲間であるアンドリュー・フォークス(天寿光希)、マルグリットの四人だけだった。新婚の妻を疑うことなど思いも及ばないパーシーだったが、やがてその疑惑は紛れもないものになる。

　マルグリットへの愛と懐疑との間で懊悩するパーシーは、その思いをねじ伏せるように、さらに信頼できる仲間を増やし、フランスに再び渡る。彼の最も大きな目的は、王太子ルイ・シャルル（星蘭ひとみ）の奪還だった。パーシーと行動をともにする者のなかには、マルグリットの弟アルマン・サン・ジュスト（瀬央ゆりあ）もいたが、パーシーはマルグリットの安全のためと説き、マルグリットに自分たちの正体を明かさないようアルマンにも固く言い渡す。そんな日々のなかで、突然人が変わったようによそよそしくなった夫に戸惑うマルグリットのもとへ、フランス政府特命全権大使になったショーヴランが再び現れる。

　ショーヴランはなんと、パリで活動するアルマンを捕らえた。弟の命を救いたければ、スカーレット・ピンパーネルの正体を探る手伝いをしろと、さらなる脅しをかけてきた。パーシー、マルグリット、ショーヴラン、それぞれの愛と思惑は、フランスとイギリスを股にかけて揺れ動いていき……。


　七年ぶりに、宝塚歌劇版の『THE SCARLET PIMPERNEL』に接してあらためて感じるのは、潤色・演出の小池修一郎の鮮やかな仕事ぶりだ。原作小説の『紅はこべ』、さらに、二〇一七年梅田芸術劇場の企画・制作で、ガブリエル・バリーの潤色・演出で上演された、よりブロードウェイ版に近い『スカーレット・ピンパーネル』の記憶が鮮烈な時期であるだけに、宝塚版のために書き下ろされた主題歌「ひとかけらの勇気」をパーシーの行動の軸に置き、その最終目標を王太子ルイ・シャルル奪還に据えた作劇の見事さが際立つ。そこにはいかにも宝塚にふさわしい、ヒーローのヒーローたるまっすぐな意志が明確に見えていて、冒険活劇としての妙味とスピード感を増幅する効果になって表れている。さらになんといっても『ベルサイユのばら』（一九七四年初演）を伝家の宝刀にする宝塚歌劇で、王妃マリー・アントワネットの遺児であるルイ・シャルルが、無事に国外に逃げ延びたというエピソードがどれほど観客の心をつかんだかは計り知れない。この優れた着眼点をもった『THE SCARLET PIMPERNEL』が、ひいては、宝塚で『ベルサイユのばら』とはまた違った視点のフランス大革命物を描き出す原動力になったことは間違いないだろう。

この作品の成功があったればこそ、のちに小池自身が手掛けた『1789――バスティーユの恋人たち』（月組、二〇一五年）や、植田景子の『ジャン・ルイ・ファージョン――王妃の調香師』（星組、二〇一二年）、小柳奈穂子の『ルパン三世――王妃の首飾りを追え！』（雪組、二〇一五年）、原田諒の『瑠璃色の刻《とき》』（月組、二〇一七年）が生まれた。さらに二〇一七年十一月、生田大和が『ひかりふる路《みち》――革命家、マクシミリアン・ロベスピエール』（雪組）を発表することが決まっている、宝塚歌劇の「フランス大革命物シリーズ」とも呼びたいほどの、あらゆる角度からそれぞれの切り口で、若手作家たちがフランス大革命に題材を求める道をこの作品が開いたといっても過言ではない。

もちろん、大劇場空間をいっぱいに使って、ブレイクニー邸の図書室がデイドリーム号の甲板になる爽快感を頂点にする劇場機構の巧みな使い方や、パーシー、マルグリット、ショーヴランの三角関係の美しい描き方も含め、宝塚版ならではの構築の見事さも健在。梅田芸術劇場版のために書き下ろされ、今回、七海ひろきが演じることで役の比重が大きくなったロベスピエールのために宝塚版にも採用された新曲を、「ロベスピエールの焦燥」として取り込んだ巧みさ（梅田芸術劇場版は、ロベスピエールを演じる役者がイギリス皇太子プリンス・オブ・ウェールズの二役で演じたので、曲が置かれた設定がまったく違うとはいえ）は、アレンジャーとしての小池修一郎の力量と才気を再確認させるものにほかならなかった。

そんな作品で星組トップスターとしての披露を飾った紅ゆずるは、前述したように、初舞台から七年目までの若手だけで上演される、宝塚独自の「新人公演」という一夜限りの公演で、その初舞台から七年目のラストチャンスにして初主演を勝ち取り、パーシヴァル・ブレイクニーを体当たりで演じたことで、今日トップスターにまで上り詰めるに至った人だ。宝塚は、初舞台の直後から抜擢に次ぐ抜擢でスターダムを駆け上がる人材がいる一方で、何か一つの大きな当たり役を得たことによって、一夜にして宝塚人生がまったく変わるという人材もいる、リアルに劇的な世界を有している劇団だ。そこには、長くこの歌劇団を見続けている人々だけが知ることができるドラマがあって、その一夜にして宝塚人生が変わった代表格が紅ゆずるというスターだった。

なにしろ二〇〇八年初演時の新人公演のパーシー役は、紅にとって「初めて銀橋を一人で渡った」機会だったほどで、あの一夜の成功がなかったら、今日大羽根を背負って組全体を率いる「星組トップスター紅ゆずる」は宝塚に存在しなかっただろう。そんな人材が、宝塚スターとしての人生を百八十度変えた同じ作品で、トップスターとしての披露を果たしている。この巡り合わせのドラマの前には、すべてがひれ伏す。どこまでも伸びる美声と豊かな声量なくしては歌いこなせないフランク・ワイルドホーンのミュージカルナンバー、つまりはいまの時代のミュージカルの主流になる数々の楽曲の歯応えの強ささえ、紅がもつドラマにはかなわない。だからこそ、パーシヴァル・ブレイクニーを出世作にしたトップスターが生まれ出たことを、ただ素直にことほぎたい。なかでも紅の持ち味が、「男とお洒落」のナンバーをこれまでの誰よりもウイットに富んだ色合いにしたことは、紅のパーシー独自のものだったし、そこから全体に軽快さと洒脱さが作品に加味されたことも興味深かった。とりわけ、パーシーの変装であり、いわゆるコテコテに演じることも十分できるスパイ・グラバンの演技に、ある種の抑制がきちんと効いていたのは宝塚のトップスターになった紅の的確な判断として評価できる。洒脱なエスプリをもった、紅色に染まる新たな星組がますます楽しみになった。

その紅の相手役になった綺咲愛里も、これがトップ娘役としての正式なデビュー。これまで紅との共演経験も多く、とびきり愛らしくキュートな小顔が、紅との絶妙な好バランスを生んでいる。フランスの大女優であり、かつて革命の闘士でもあったマルグリットは、宝塚の娘役としては相当な難役に入るし、どちらかといえばこれまで大人の個性をもつ娘役が担当してきた役柄でもあるから、現代のアイドルに通じるルックスの綺咲には手強いものだったと思うが、台詞の発声がもともとアルト系だったことや化粧法の工夫などで、役に果敢に近づくことに成功している。何より紅との相性がいいというのは、トップコンビとしての可能性を大いに広げるものにちがいなく、ここから始まる二人を中心にした星組の未来に期待を抱かせた。

もう一人の大役ショーヴランには、これも今回から男役二番手スターになった礼真琴が扮した。

何しろこの役は初演の柚希礼音の当たり役、柚希がのちに宝塚で十年に一人の大スターと称されるスターになるに至る、文字どおり男役として化けた役柄としての記憶が鮮烈で、その柚希に憧れて宝塚に入った礼がここでショーヴランを演じるということにも、やはり宝塚世界ならではのドラマがあり、感慨深いものがある。マルグリットと男女の関係にあったことを宝塚の枠組みのなかで見事に香り立たせてみせた柚希の色気にはやはりまだ及ばないが、そこを目指していることはよく見て取れるし、豊かな歌声は今回の上演の白眉。いずれ『ロミオとジュリエット』（二〇一〇年初演）のロミオや、『1789』のロナンなど、青年の輝きが似つかわしい役どころを演じる礼を見てみたいという希望は、おそらく多くの観客がもっているものだと思うが、その日のためにも、ここでショーヴラン役を演じた経験が必ずや生きてくることだろう。期待したい。

そして今回、この人のために役柄をふくらませた、つまり新星星組にとって欠くことができない存在であることがあらためて印象づけられたのが、ロベスピエールの七海ひろき。フィナーレまである宝塚には、全体の上演時間に制限がある関係上、大きなスターである七海がロベスピエールを演じるからには、いっそ梅田芸術劇場版のようにプリンス・オブ・ウェールズとの二役をさせてもいいのではないかと思ったが、とにかくロベスピエールの氷の美貌があまりにも際立っていて、誰かとてつもなく美しい人が視野をかすめた……と思うと、ほぼ例外なく七海だったのには舌を巻いた。そのため、決して多いとはいいがたい出番の数々がどれも印象的なものになったし、難曲中の難曲である新曲「ロベスピエールの焦燥」も、小池の構成の見事さと、本人の美しさが克服していて、まさに「美は正義なり」。宝塚の至上命題を体現する人材として、今後もぜひ大切に遇してほしいスターだ。

　そしてプリンス・オブ・ウェールズを演じた専科の英真なおきは初演以来の登板だが、コメディーリリーフ的な面が今回わずかに後退して、皇太子はパーシー＝スカーレット・ピンパーネルであることを実は察知しているな、と感じさせる陰影が前に出たのが面白かった。これは紅の洒脱さが勝ったパーシーとの対比としてもいい効果で、さすがはベテランの妙味。冒頭でスカーレット・ピンパーネルに救われる伯爵夫人の組長・万里柚美、革命政府のピポー軍曹の副組長・美稀千種も、初演以来の登板で、それぞれに深みを得た演じぶりが年月を感じさせる。

　一方、マルグリットの弟アルマンの瀬央ゆりあには上り坂の勢いがあるし、この公演から星組生になったマリー・グロショルツの有沙瞳との並びも麗しい。有沙は組替えが一つのいい転機になったようで、実にスッキリと美しくなった。持ち前の歌唱力も光り、星組での活躍が楽しみだ。パーシーに最も近しい友人デュハーストとフォークスに、紅の盟友ともいえる壱城あずさと天寿光希が配されているのも、やはり紅が内包する宝塚のドラマをさらに高める効果があったし、彼女たちに十碧れいや、麻央侑希、紫藤りゅう、綾凰華、天華えまの星組の男役群の中心を形成するきら星たちが集った「ピンパーネル団」の華やかさも目に楽しい。彼ら全員に恋人がいることで、音波みのり以下、娘役たちにもスポットが当たるのも宝塚版ならではの美点。トップコンビの幸福感あふれるデュエットダンスに帰結するフィナーレの展開も美しく、宝塚版『THE SCARLET PIMPERNEL』独自のオーラを感じさせる公演になっている。

星組

公演情報

星組

『THE SCARLET《スカーレット》 PIMPERNEL《ピンパーネル》』

潤色・演出：小池修一郎

宝塚大劇場〔2017年3–4月〕／

東京宝塚劇場〔17年5–6月〕

落語世界と宝塚の見事な融合とトップスター紅ゆずるの真骨頂
――『ANOTHER WORLD』『Killer Rouge《キラールージュ》』

『ANOTHER WORLD』は落語噺『地獄八景亡者戯《じごくばっけいもうじゃのたわむれ》』『朝友《あさとも》』『死ぬなら今』など、死後の世界を舞台にした作品を基に、宝塚ならではの純愛物語を絡めて「あの世」で起こるさまざまな出来事を描く谷正純の作品。誰も知らない死後の世界が、こんなににぎやかで楽しいものだったら本当にいいだろうなと思わせながら、与えられた命を精いっぱい生きることの尊さも描いた宝塚ミュージカルになっている。

STORY

大坂の両替商・誉田屋《こんだ》の若旦那・康次郎（紅ゆずる）は、天空に蓮の花が咲く幽玄の花園で目を覚ます。なんてきれいなところだろう、でもどうして蓮の花が空で咲いているのかと疑問に思ったそのとき、康次郎は思い出す、そう、自分が死んだことを！　康次郎は高津神社の境内で出会った、どこの誰ともわからない「嬢《いと》さん」に恋い焦がれ、やっとのことで相手が大坂の菓子屋・松月堂のお澄（綺咲愛里）だと突き止めたものの、思いを募らせすぎた恋煩いであっけなく命を落としてしまったのだ。

下界を見下ろせば康次郎の亡骸を前に嘆き悲しむ母・於登勢（万里柚美）と、父・金兵衛（美稀千種）の姿が……と思いきや、金兵衛は恋煩いで死んだ息子を恥じ、両替商の跡取りならせめてもの償いに、貸した借金を返さないままに死んでいった亡者たちから取り立ててこいと、頭陀袋に証文を詰め込んで棺桶に投げ入れているところだった。あの世までも借金を取り立てろという父親の仕打ちに腹を立てた康次郎は、現世への未練を断ち切り「あの世」で人間らしく暮らそうと決意する。

そんな康次郎の前に誉田屋の手伝《てったい》・喜六（七海ひろき）が現れる。なぜお前までがあの世へと驚く康次郎に、喜六は康次郎が死んだ責任を取らされ、五日前にさばいたサバの刺し身をあてにやけ酒をあおっていたところ、サバにあたってコロリとあの世にやってきたと話し、松月堂のお澄も康次郎への恋煩いで身ごもったと話す。お澄もあの世にいるのならば、閻魔大王（汝鳥伶）の裁きで極楽と地獄に分けられる前になんとしてもお澄を捜し出さなければと、康次郎は喜六とともに冥途の旅に出る。その道中であり余る金を持て余しこの世の遊興三昧に飽き飽きして、わざわざフグの肝を食べてあの世へとやってきた、江戸の米問屋・寿屋の若主人・徳三郎（礼真琴）率いるにぎやかな一行や、いつか極楽に行って福の神に生まれ変わりたいという夢をもちながら「冥途観光案内所」の案内人を務めている貧乏神（華形ひかる）など、「旅は道連れ世は情け」とにぎにぎしく仲間を増やしていく康次郎。やがて、古今の美女たちが一堂に会して踊る美人座で、あの世にも大流行しているというインフルエンザで休演中の静御前に代わって踊る、新入りの菓子屋の娘が評判を呼んでいると聞き、それはお澄にちがいないと、駆け付けた美人座でついにお澄に再会。この世で果たせなかった「夫婦」になる約束をあの世で交わし合った康次郎とお澄の純愛話は、美人座の呼び物になり満員札止めの盛況が続く。だが美人座の大繁盛を妬んだほかの小屋から手が回り、康次郎は冥途の新入りにもかかわらず異例の早さで閻魔大王の裁きの場に呼び出されることになって……。

谷正純という劇作家には一風変わったところがあって、さまざまな日本物の作品で人情にあふれた人生の機微を描き出すかと思うと、一転、ドラマの展開のなかでほとんどの登場人物が死んでしまうという凄惨な物語を作り出すことも多く、作家のなかで両者のカタルシスはどうつながっているのだろうと常々不思議に思っていた。そんな振り幅の大きな谷作品のなかで、突出して高い評価を得てきたのが『なみだ橋 えがお橋』（月組、二〇〇三年）、『くらわんか』（花組、二〇〇五年）、『やらずの雨』（雪組、二〇〇六年）、『雪景色』（雪組、二〇〇九年）といった落語噺を基にした作品群で、その楽しさと同時にたくましさを感じさせる人生賛歌が、さまざまな試みをすべて宝塚歌劇の大枠のなかに取り込んで咀嚼してしまえる劇団の懐の深さのなかで、両極端とも見えるチャレンジを続けてきた作家の真骨頂として輝いていたのが印象深い。

そんな落語を題材にしたミュージカルを谷が満を持して大劇場で、しかも死後の世界「あの世」を題材に選んで上演すると聞いたときには、ずいぶんと思い切った試みをと驚く気持ちもあった一方で、谷の落語物ならきっと楽しいにちがいないという信頼感が勝ったものだったが、幕を開けた『ANOTHER WORLD』は、まさに作家・谷正純が大劇場で放ったクリーンヒットといえる快作。抱腹絶倒のなかにホロリとさせる感動もある、宝塚ならではの娯楽作品になっている。

　考えてみれば、ANOTHER WORLD＝あの世に行ってみて帰ってきたという人は誰もいない。人はどこからきてどこに帰るのかの真実を、知っている人はいないだろう。だからこそその神秘には畏敬の念とともに恐れを抱くし、その恐れに救いを与える宗教が人にとって大きなよりどころにもなってきた。けれどもここで描かれるANOTHER WORLDには、とにかく前向きで明るい楽しさが詰まっている。美人座には古今の美女が集って舞を舞っているし、鬼が襲ってきても鬼退治で有名な桃太郎も渡辺綱も坂田金時もそろっている。さらに、冥途歌舞伎座では十二代の市川團十郎がそろって各役を演じる『仮名手本忠臣蔵』を上演しているというのには爆笑させられたし、真打ち冥途歌劇団では男役スターが踊り、ラインダンスが華やかに繰り広げられて、『ベルサイユの蓮』が近日上演予定とのこと。この明るさ、きらびやかさはどうだろう。もちろん地獄八景の苦しみさえも笑い飛ばそうという落語噺の力強さを底本にしているとはいえ、それが宝塚歌劇でしかできない華やかさに昇華されていて、ベテラン座付き作家としての谷の力量をあらためて感じさせた。何より大切な誰かを見送った経験がある人ならば、こんなに楽しいにぎやかなところで愛する人が過ごしていると思えるだけで、温かい気持ちが満ちてくるはずで、これほど美しいANOTHER WORLDを堂々と描けるのは、宝塚歌劇をおいてほかにない。

　そんな作家・谷正純が会心の作を生み出す原動力になったのが、主演の紅ゆずるの存在そのものであることは論をまたない。いくら紅ゆずるというスターが卓越したコメディーセンスをもち、豊かなサービス精神で場を盛り上げることに長けているからといって、宝塚歌劇でセンターを張るスターに、いつまでもコメディーリリーフを期待するのは違うのではないかという気持ちがこれまではどこかにあったものだが、この『ANOTHER WORLD』の登場で、そんな杞憂もすべて雲散霧消するのを感じた。それほど紅の康次郎は膨大な台詞をよどみなく話し、思い人を追って駆け回り、徹底的に上方の「つっころばし」の滑稽味をもちながら、ちゃんとスターで、ちゃんと二枚目だった。この離れ業は誰にでもできるものではなく、紅の当意即妙の変幻自在ぶりにはただ感嘆するばかり。一生懸命に生きようと決意するラストシーンまで紅ワールドの力量全開で、揺るぎない代表作を勝ちえた快演になった。

その康次郎が恋するお澄の綺咲愛里は、ドラマの半ば過ぎという遅い登場でも康次郎が捜していたのはこの人だという印象を保ち続けたのが、トップ娘役の矜持を感じさせる。お澄という役柄はときにギョッとするような発言もしているのだが、持ち前の愛らしい顔立ちでなんとなくだまされて、あくまでも愛らしい「嬢さん」に納まってしまえるのが綺咲の綺咲たるゆえん。声質が意外にもアルトなのも今回の役柄には効果的で、愛くるしさのなかにいい意味の毒がひそかに潜む綺咲の個性が生きたヒロインぶりだった。

現世の放蕩三昧に飽き飽きして「あの世」へやってきた徳三郎の礼真琴は、上方の二枚目の康次郎に対して江戸のいなせを担う役どころ。キメにキメた所作も粋だし、何より高い歌唱力をもって実は相当に難易度が高い持ちナンバーを、そうとは気づかせずに楽々と歌っているのに地力を感じさせる。遊びという遊びを尽くした人が「恋のためなら死ぬというやつは大勢いたが、本当に死んだ人を見たのは初めてだ」と康次郎に肩入れするという流れも面白く、舞台に悠々と位置していた。

康次郎の冥途旅の最初の供になる喜六の七海ひろきは、ほほ笑ましい天然ぶりが板についていて、学年を考えると驚くほどかわいらしく、台詞がないところでもそのふわふわパタパタした動きにたびたび目を奪われた。渋いナイスミドルも堂々と演じる七海が、こういう役どころにも楽々と染まるのは驚異的で、宙組時代にいきなりヒロインに抜擢されていっぱいいっぱいだった『風と共に去りぬ』(二〇一三年)のスカーレットから、ここに至るまでに七海が示した進歩には惚れぼれするばかり。美しき実力派としてさらに貴重な存在になっている。

また専科から特出の華形ひかるの貧乏神は『くらわんか』で華形自身が演じた役どころで、知っている人にはさらに思い入れが深まる粋な配役。福の神になれてよかったと心から思えるし、もちろんこの作品だけを見ても華形の温かい持ち味が生かされていて舞台の彩りを深めている。「めいど・かふぇ」の茶屋娘・初音の有沙瞳はかわいらしい外見を裏切るドスが効いた役柄を巧みに演じ、歌唱力も万全。三途の川の船頭・李兵衛の天寿光希が、渡し賃が六文から六両に値上がりしていると息巻くのが、康次郎がもたされた借金の証文につながるのも面白く、天寿の手堅い演技が展開をよくつなげている。

彼らを含めた康次郎ご一行様以外は、星組の多彩なスターたちがワンポイントで登場するうえに、ほとんど特殊メイクに近い状態なので、「あの人はどこ!?」で大忙しになる公演でもあるのだが、そのなかでも大きな役どころである赤鬼赤太郎の瀬央ゆりあが、いくらすごんでもあまり怖くないのが瀬央らしさとともにスターらしさを感じさせるし、青鬼青次郎の麻央侑希のおおらかさもいい。閻魔大王の裁きの場で自らが裁かれてしまう右大臣・光明の漣レイラと左大臣・善名の紫藤りゅうも変化をよく表していて、ドラを叩く紫藤の姿のよさが光る。赤鬼赤三郎の桃堂純、赤鬼赤五郎の天華えまも冥途に最初に登場する鬼として目を引くし、桃太郎の極美慎の美しさがこの装束に生きていた。この公演で退団する小五郎の十碧れいや、蔦吉の白鳥ゆりやが特殊メイク班でないのも、座付き作者の配慮として美しい。それらのなかで閻魔大王の愛人・艶冶の音波みのりが、現世では虞美人だったとわかる美貌の娘役ならではの役どころで、星組に音波がいる強さを感じさせる。

もちろん専科から特出の閻魔大王の汝鳥伶の存在感、廉次郎の母・於登勢の万里柚美、父・金兵衛の美稀千種のベテラン勢も適材・適所。美稀には「冥途歌劇団」のスター役もあり、やりがいも大きいことだろう。何よりも桜の若衆と美女の「チョンパ」で始まるオープニングから、宝塚のよさが徹頭徹尾生きたANOTHER WORLDが展開された、紅ゆずる率いる星組ならではの娯楽作品になったのがすばらしかった。

そんな楽しさにはじけた作品のあとに控えたのが、『Killer Rouge《キラールージュ》』で齋藤吉正の作。今年三回目になる宝塚歌劇台湾公演でも上演されるショー作品で、「すばらしい」「格好いい」「魅了する人」などを意味するスラング“Killer”と、紅ゆずるのその名もズバリ紅色＝“Rouge”をテーマに展開する、スピーディーなショー作品だ。

幕開けから「紅」が印象的な舞台は「Rouge」一色。もちろん場面によってはほかのさまざまな色も出てくるのだが、見終わってみると「紅色」が脳裏に焼き付いているのは、紅ゆずるその人の多彩なエンターテイナーぶりからにちがいない。芝居のつっころばしの雰囲気とはガラリと変わったキレがいいこれぞ宝塚スターのカッコよさを見せたかと思うと、ゴミ袋を提げた冴えないサラリーマンが一転してスーパー刑事 Killer Rouge に変身するなど、紅ならではのシーンがたっぷり。高価な宝石を奪う女怪盗 Mask of Rouge に七海ひろきが扮したのも、美貌とともにいいアクセントになっている。

もちろんトップ娘役・綺咲愛里も、冒頭の銀橋からの初登場を含めて大活躍。童話の世界がさまざまに混線する「赤ずきんちゃん」の愛らしさと変身の妙も楽しめる。ここでオオカミに扮する礼真琴のちゃめっ気も楽しいし、メインシーンの「TANGO ROUGE」では高い身体能力も示して盤石。この場面で相手役を務める音波みのりの礼とのバランスが抜群で、学年的には難しいと知りながらも、音波トップ娘役待望論が絶えないのも納得の美しさを披露している。歌唱力に優れた有沙瞳もますます洗練されてきてあでやか。

また、瀬央ゆりあの存在感がひときわ大きくなり、「POST ROUGE」では一場面を悠々と支えてより頼もしい男役になってきた。麻央侑希の男役スターとしての大きさはやはり魅力だし、いつまでも清新さを失わない紫藤りゅうに男役の色気が出てきたのも発見で、アピール力抜群の天華えま、美貌の極美慎とともに勢いを感じさせる。小桜ほのか、星蘭ひとみの娘役有望株もよく目立っているし、専科の華形ひかるがショーにも出演して、持ち前のダンス力が生かされたのもうれしく、見せる歌が歌えるようになったのはやはり経験のたまものだろう。

何より退団の十碧れいやにサヨナラショーのようなシーンが用意され、白鳥ゆりやも特段に目立つ配置になっているのに、齋藤の宝塚愛と美徳を感じる。これがきちんとあるから、アニメソングや図らずも追悼の趣を帯びた西城秀樹のヒット曲、及川光博の「紅のマスカレード」などJ－POPが多数織り込まれている齋藤好みの選曲が悪目立ちすることなく、宝塚歌劇のショー作品に融合した効果は見逃せない。「桜」にちなんだヒット曲のサビ部分をある意味臆面もなくつないだラインダンスの編曲もいっそすがすがしく、攻めの姿勢を貫きながら、台湾でもきっと喝采を浴びるにちがいないと確信できる仕上がりのショー作品になった。

公演情報

星組

『ANOTHER WORLD』

作・演出：谷 正純

『Killer Rouge《キラールージュ》』

作・演出：齋藤吉正

宝塚大劇場〔2018年4–6月〕／

東京宝塚劇場〔18年6–7月〕

エンターテインメント性にあふれた礼真琴の初東上主演

——『阿弖流為——ATERUI』

宝塚星組の二番手男役として活躍する礼真琴の、東京での初主演『阿弖流為——ATERUI』は、二〇〇〇年に吉川英治文学賞を受賞した高橋克彦の小説『火怨——北の燿星アテルイ』（上・下〔講談社文庫〕、講談社、二〇〇二年）を基に、大野拓史が宝塚ミュージカルに仕上げた作品。八世紀、東北へ支配領域を拡大しようとした大和朝廷が蝦夷討伐に乗り出すなか、蝦夷の「人」としての誇りを守るために朝廷軍に立ち向かった、若きリーダー阿弖流為の生きざまを描いている。

STORY

八世紀。東北地方で発掘される豊かな金鉱を得ようと、東北を支配領域に治めるべく朝廷は蝦夷討伐に乗り出していた。ある夜、その朝廷にくみし蝦夷を裏切ったと思われていた伊治の蝦夷の長である伊治《これはる》公《のきみ》鮮麻呂《あざまろ》（壱城あずさ）は各地の蝦夷の長を集め、自らの命と引き換えに参議紀広純（輝咲玲央）の首を取る計画を打ち明ける。鮮麻呂が朝廷にくみしていたのは、すべてこの機会を得るための身をていした偽りだったのだ。その尊い犠牲によるはかりごとを聞く長の息子たちのなかに、ひときわ強い光を放つ眼差しをもった若者がいた。彼こそが、胆沢の長の息子であり、のちに蝦夷の命運を担う阿弖流為（礼真琴）だった。

鮮麻呂の遺志を受け継いだ阿弖流為は、仲間とともに蝦夷のために立ち上がることを決意する。だが、多勢に無勢で朝廷軍と戦うことを無謀だと思う阿弖流為の父の従者・飛良手（天華えま）は、朝廷に蝦夷の動きを内通することで生き残りを企てるが、阿弖流為の熱い説得によって翻意し、忠実な側近になる。阿弖流為の思いはただ一つ。蝦夷を獣同然に扱い、同じ人とはみなさない朝廷に、蝦夷も同じ人だと認めさせることだった。

そんななか、阿弖流為は、黒石の蝦夷の長の跡継ぎ・母礼《もれ》（綾凰華）と、その妹・佳奈（有沙瞳）に出会う。天性の軍略の才をもつ母礼は、以後阿弖流為の片腕として軍師になり、その知略に長けた奇襲作戦と阿弖流為の勇猛果敢な働きぶりは、蝦夷に度重なる勝利をもたらす。嫁いだ先が朝廷軍に襲撃され寡婦になっていた佳奈は、阿弖流為に希望を見いだし、阿弖流為もまた佳奈に引かれ、二人は深く心を寄せるようになる。

だが、続く敗戦に業を煮やした朝廷は、都随一の武人とうたわれる坂上田村麻呂（瀬央ゆりあ）に、蝦夷征伐を任じる。欲に溺れず、ただ桓武天皇（万里柚美）の命を受けた武人としての役目を全うしようとする田村麻呂には、これまでのような奇襲作戦は通用しない。阿弖流為は身を捨てて蝦夷を守ろうとした鮮麻呂の遺志に思いを馳せ、ある策略を講じる決意をして……。

八世紀に実在した蝦夷の勇者阿弖流為の生きざまは、さまざまな形で映像化や舞台化がなされてきた。特に東北地方が未曾有の大災害に見舞われた東日本大震災のあとには、東北の復興を応援しようという趣旨のもとに、多くの作品が生まれている。そんななかにあって、宝塚歌劇が阿弖流為を主人公にしたミュージカル作品をあらためて作るにあたり、原作に求めたのが高橋克彦の『火怨』だったことが、まず何よりも優れた選択眼といえるものだった。

というのも、原作小説は上下巻、千ページにも及ぶ大作だが、読み進めて感嘆するのが、出てくる若者たちがいずれ劣らぬいい男ばかりだということなのだ。阿弖流為といえば、当然対に出てくるのは坂上田村麻呂になるが、軍師の母礼、腹心の部下になる飛良手をはじめ、それこそいまはやりの乙女ゲームもかくやとばかりに、いい男のオンパレード。おそらく読めば誰かしらはタイプの男性が見つかるだろうというほど、友情に厚く、義に熱い男たちが繰り広げる闘いが迫力たっぷりに描かれていて、これはカッコいい男を演じさせたら右に出る者がない、宝塚の男役のためにあるような題材にちがいなかった。

その原作の特性を、脚本・演出の大野拓史がよく生かしている。何しろ原作が大長篇なので、そのどこを切り取るかによって作品の印象はまったく異なるものにもなるところを、阿弖流為を軸に蝦夷のいい男たちをくまなく網羅し、舞台に設置された特大の映像パネルを駆使して、読みにくい漢字が多い登場人物の紹介から場所の移り変わり、自然描写までをスピーディーに押し進めた手腕はたいしたもの。さらに阿弖流為の成長物語でもあるために、原作小説では下巻になってやっと登場する坂上田村麻呂も実に自然に物語の序盤から登場させ、阿弖流為の好敵手としての立場を明確にしていたし、徹底的に男の物語だった原作には描かれていない、ヒロイン佳奈の心理や人生を書き加えるなど、宝塚版ならではの改変も当を得ている。これは資料を深く読み込む劇作家大野の特徴が吉に出た好例で、高橋恵と玉麻尚一のどこかアニメソングにもつながる高揚感をもった音楽の数々の力も加わり、徹底的なエンターテインメント作品に仕上がっていた。これによって主人公がたどる結末がわかっている物語が暗く沈んで終わることを防ぐことにもつながったし、阿弖流為が選ぶ決断のもとに鮮麻呂の存在があったことを、制約がある時間のなかできちんと書き込んだゆえの成果でもあった。

そんな作品で「主演・礼真琴」という大クレジットが映像に出たほどの華やかな東京初主演になった礼真琴の阿弖流為が、非常に柄に合っている。もともと原作を読んでいるときから礼の声で台詞が聞こえてくるという現象に陥ったくらい、この役は合うだろうという予感があったが、それが見事に的中して、血気盛んな熱い男がリーダーとして成長し、身を捨てても蝦夷の誇りを守るに至る流れを的確に表現している。星組の若き二番手スターになってから黒い役が続いていて、それはもちろん男役・礼真琴の成長には役立つものではあるだろうと思いながらも、若々しいヒーローも見たいとも願っていた時期だけに、豊かな歌唱力と俊敏な身体能力がともに生かされた阿弖流為は打ってつけだった。新しい劇場のこけら落とし公演の大任を任され、それをきちんと代表作と呼べるものに仕上げた礼の地力に、あらためて感心する主演ぶりだった。

ヒロイン佳奈の有沙瞳は、嫁ぎ先の里が滅ぼされて朝廷に復讐を誓う寡婦という原作とはまったく異なる設定を、陰影深く演じて見応えがある。佳奈がただの良妻賢母ではないヒロイン像になったことで作品全体にも深みが増したし、礼との並びもよく似合って美しい。星組に加入以来、柔らかさと愛らしさを増していて、歌唱力も十分。ますます楽しみな娘役に成長している。

さらに、この作品で礼に負けず劣らずの存在感を示したのが、坂上田村麻呂の瀬央ゆりあ。礼主演の公演で二番手格の役柄を演じたのは『鈴蘭《ル・ミュゲ》――思い出の淵から見えるものは』(二〇一六年)に続いて二度目になるが、その『鈴蘭』から約一年半、ここまで男役スターとしての押し出しと華やかさを身につけていたとは、と驚かされる変貌ぶりに感嘆した。朝廷のなかで唯一蝦夷を「人」として認め尊重もしている武人を堂々と演じていて、礼に対してまったく不足がない。こうなってくると持ち前の容姿のよさも光ってくるから、逸材ぞろいの第九十五期生のなかに、また一人目が離せない男役スターが育ってきた格好だ。期待したい。

そして、前述したようにいい男ぞろいの登場人物のなかでは、やはり母礼の綾鳳華が目を引く。原作小説のなかでは完全に二番手の役柄であることもあって、沈着冷静な軍略の天才として、全体のなかでのカラーの違いが鮮明に描かれ、綾もまたその役の性格をよく表している。正直、プログラムにこの人の扮装写真がないのがなんとも不自然なほどの大役を手中に収めているから、新天地になる雪組での活躍が楽しみだ。飛良手の天華えまは、初めは阿弖流為に対して反旗を翻し、それがあったからこそ最後まで阿弖流為に付き従う重要なポジション。顔立ちがソフトな人だけに、阿弖流為を裏切ろうとする描写がもう一息鋭くてもいいかと思いはするが、腹心の部下として阿弖流為に心酔するさまはきちんと伝わり、若手ホープらしい明るさが印象的だった。また、阿弖流為の仲間のなかでは伊佐西古《いさしこ》のひろ香祐の骨太さが光ったし、阿弖流為に対して距離を取る蝦夷である諸紋《もろしま》の音咲いつきも、少ない描写で阿弖流為への屈折した思いをよく表現している。この公演を最後に娘役への転向が発表されているが、男役として有終の美を飾っていて、娘役・音咲いつきの誕生にも期待がふくらんだ。

ほかに、桓武天皇で男役に回った万里柚美、どこにいても愛らしく娘役の良心とも鑑とも思える坂上全子の音波みのりをはじめ、何しろ最下級生の鳳真斗愛まで、出演者全員に役があるという大野の脚色が、それぞれの今後にどれほどの糧になったかと思うと、この作品に出演したメンバーの幸運を思わずにはいられない。わけても特筆すべきは鮮麻呂の壱城あずさで、阿弖流為の生きざまの指針になる、つまりはこの作品の骨子になる人物を、決意と哀惜を込めて演じていて、壱城の多彩な経歴のなかでも屈指といえる名演だった。

そんなすべてのメンバーに働き場が多い充実した作品が、礼を筆頭とした星組の明日を担うだろう人材に用意されたことを喜びたい舞台になっている。

公演情報

星組

『阿弖流為——ATERUI』
原作著作：高橋克彦
『火怨——北の燿星アテルイ』
（講談社）
脚本・演出：大野拓史

梅田芸術劇場
シアター・ドラマシティ
〔2017年7月〕／
日本青年館ホール〔17年7–8月〕

新トップコンビ真風涼帆&星風まどかお披露目 二十年ぶりの再演で

——『WEST SIDE STORY』

『WEST SIDE STORY』は一九五七年に初演され、六一年には映画化（監督：ロバート・ワイズ／ジェローム・ロビンズ）もなされた、ブロードウェイミュージカルの金字塔的作品。ウィリアム・シェイクスピアの『ロミオとジュリエット』（一五九五年）に着想を得て、初演当時のアメリカの社会背景に鋭く切り込んだストーリーとレナード・バーンスタインによる珠玉の名曲の数々、ジェローム・ロビンスによる卓越した振り付けが相まった、不朽の名作としていまも輝き続けている。本邦初演は六八年の宝塚歌劇での上演で、以降主に劇団四季と宝塚歌劇での上演が不定期に重ねられてきた。今回の上演は、その宝塚での本邦初演から五十年、宝塚が東京でも通年公演をおこなうようになった「1000days 劇場」こけら落とし公演だった九八年の月組公演から二十年、作曲者レナード・バーンスタイン生誕百年、さらに宝塚歌劇に五番目の組・宙組が誕生してから二十年という、あらゆる節目を重ねての記念公演になっている。

STORY

一九五〇年代のアメリカ。ニューヨークのウエストサイドでは、ヨーロッパ系移民の親をもつ白人少年非行グループ「ジェッツ」と、新参のプエルトリコ系少年非行グループ「シャークス」が、縄張りをめぐって対立していた。

ジェッツのリーダー・リフ（桜木みなと）は、小競り合いが続く状況を打破しようと、シャークスのリーダー・ベルナルド（芹香斗亜）に決闘を申し込むことを提案。親友のトニー（真風涼帆）に協力を頼もうとする。リフとともにジェッツを作ったのはトニーだったが、トニーはひと月ほど前にけんかに明け暮れる日々から抜け出し、いまはドク（英真なおき）が経営するドラッグストアで働いている。そんなトニーに協力を仰ぐことにジェッツの急先鋒アクション（瑠風輝）は反対するが、結局はリーダーのリフの意向に従い、もうジェッツでの日々から卒業したのだと初めは取り合わなかったトニーも、弟同様の存在のリフの懇願に折れて、ジェッツとシャークスが集まるダンスパーティーに行くことを承諾する。トニーはその夜、何か特別なことが起こる予感がしていた。

一方、シャークスのリーダー・ベルナルドの妹のマリア（星風まどか）は、兄に呼び寄せられプエルトリコからニューヨークにきてひと月、兄の恋人のアニータ（和希そら）とともに働くブライダルショップと家を往復するだけの日々にうんざりしていて、今夜のダンスパーティーを心待ちにしていた。ベルナルドはシャークスの仲間で内気で穏やかな性格のチノ（蒼羽りく）とマリアを結婚させようと考えているが、マリアはチノには何も感じないと嘆き、今夜のパーティーはアメリカのレディーとしての私の初めての夜だという高揚をアニータに語るのだった。

その運命のダンスパーティーの夜。集結したジェッツとシャークスの面々がダンスバトルを繰り広げるなか、トニーとマリアの視線が合う。運命に導かれるように手を取り、キスを交わす二人。だが、その姿に激高したベルナルドは二人を引き離し、マリアを家に帰してしまう。あとを追ったトニーはマリアの家を見つけ出し、二人は互いの思いを確かめ合って、翌日の再会を固く誓って別れる。

同じころ、白人の男たちはプエルトリコの女をただの慰み者としか考えていないといきり立つベルナルドは、ここは女性も自由を謳歌できるアメリカなのだと話すアニータの言葉にも耳を貸さず、ドクの店へ赴く。そこには苛立つジェッツの仲間たちを戒めるリフが待ち受け、ジェッツとシャークスは武器を持った総力戦での決闘を約束しかけるが、飛び込んできたトニーの機転で、互いのグループで最も腕が立つ者が素手で殴り合って勝負をつけることで合意する。決闘について聞き出そうとするプエルトリコ嫌いの地域の警官シュランク警部補（寿つかさ）の誘導尋問にも口を割らなかった若者たちのけんかが本当に素手の殴り合いで終わるだろうか、と案じるドクに、トニーはマリアへの恋を語る。トニーが決闘を命に関わらない形で収めようという真意を悟ったドクは、だが、肌の色が違う二人の恋の未来に不吉なものを感じていた。

翌日、トニーとマリアはブライダルショップで結婚式の真似事をしてお互いの愛を再確認するが、マリアは素手のけんかでも二人の将来のためにならないと、トニーに決闘を中止させるよう懇願。トニーはその願いを受け入れ、決闘の場に赴くが……。

『WEST SIDE STORY』という作品に接したときに常に感じるのは、クリエーターに神が宿った瞬間がここまで詰まっているブロードウェイミュージカルが、あとどのくらいあるだろうかという畏敬の念だ。この作品の礎になったシェイクスピアの『ロミオとジュリエット』は、やはり永遠の名作として現在もあらゆる形で途絶えることなく上演が続いているが、古典としてそのまま上演することには何らの差し障りもないものの、ひとたび現代の感覚に照らそうとすると多くの困難が浮かび上がってくる。まず、「同じ街で代々争い続けている両家」という設定にリアリティーをもたすのが難しいし、さらにロミオとジュリエットがすれ違いによるあまりにも悲しい結末を生む、仮死状態になって誰もが死んだと思うものの、四十二時間後には何事もなかったかのように目覚めるという秘薬の設定がきわめて厳しくなる。麻酔薬や麻薬などで説明しようとすればするほど、科学が発達していればいるほど、少女が一人で小瓶を飲み干してそのような効果を得られる秘薬と現代のリアルとが遠く離れてしまう。さまざまに試みられている『ロミオとジュリエット』の翻案作品が、いまひとつ傑作として残るに至らないのはこれらの問題が大きく関わっている。

だが、この『WEST SIDE STORY』が、それらの困難を飛び越えたさまには驚愕すべき周到な仕掛けがなされている。代々憎しみ合う両家の争いは、肌の色や人種が違う人間同士の争いに、仮死状態になる秘薬は、あらゆる憎しみを乗り越えて妹とも思うマリアと、自分の恋人を殺した男であるトニーとの恋を助けようと決意するに至ったアニータの身に降りかかった許すことができないのも当然の暴力がいわせた痛切極まる「嘘」によって生じた誤解に、それぞれ変換されている。この見事さ。現代の目から見ても、一片の疑問も差し挟ませないリアリティーには、いつ接しても息をのむすごみがある。

そこに、物語の展開を支えて動かすジェローム・ロビンスの、初演から五十年を経てなおまったく古さを感じさせない振り付けがあり、さらにレナード・バーンスタイン作曲のミュージカルナンバーすべてが、一曲たりとも凡庸なものがない、音楽を聴いているだけで幸福になれるほどの名曲ぞろいという奇跡が重なっている。「そのとき、バーンスタインに神が宿ったとしか思えない」というのは劇団四季が一時期使っていたコピーだが、まさにその言葉どおりの楽曲のすばらしさにはただひれ伏すばかりだ。「ミュージカル」というジャンルを語るときに、この作品を避けて通ることは誰にもできないだろう。それほど『WEST SIDE STORY』は貴重で、唯一無二のブロードウェイミュージカルなのだ。

ただ、この作品が現在もなお普遍性を有しているのは、人類が肌の色、人種の違い、文化の違いなど、自分たちとは異なるルーツ、異なる宗教、異なる思考や思想をもった「他者」に対する、いわれなき偏見や差別、それによる争いが五十年たってもなくなっていないという悲しい現実があるからにほかならない。作品のなかで、すべての人々がともに分け隔てなく暮らせる世界がどこかにある、そこへいこうと歌う「Somewhere」の美しさに胸が詰まり涙するのは、いまも人類がその「Somewhere」を作り出せていないからだ。『WEST SIDE STORY』を見て、「こんな時代があったんだね」と言える日がくることをどれほど願っただろう。けれどもいまだその日は遠く、保護主義という名のポピュリズム、自分ファーストが台頭する現代では、むしろその日はさらに遠ざかっているかのようだ。

けれどもそんな時代だからこそ、宝塚歌劇があらためてこの作品を取り上げる意義は確かに大きかったと思う。この作品の美しさ、それこそ神が宿ったとしか思えない鉄壁の完成度は、見る者に他者への理解と寛容、共存の大切さを静かに強く訴えかけてくる。それを二十年ぶりに宝塚のスターたちが演じ、宝塚を愛する観客が受け取ったことで、もう何よりも尊い使命は果たされたといってもいい。

実際、この作品を宝塚歌劇が手掛けることには、さまざまな難しさが付きまとう。ブロードウェイミュージカルとしても古典に属するこの作品は、ミュージカルナンバーが現代のそれよりもはるかにオペラに近い方法論で書かれている。ヒーローとヒロインは輝かしく美しい高い声、アクが強い役柄は迫力をもった太く低い声。その楽曲の成り立ちが、どうしても女性だけ、つまり女声だけで演じる宝塚歌劇にとって、特に二枚目男役にとっての厳しさをはらんでくる。『エリザベート』（一九九六年初演）、『THE SCARLET PIMPERNEL《スカーレットピンパーネル》』（二〇〇八年初演）、『ロミオとジュリエット』（二〇一〇年初演）、『1789――バスティーユの恋人たち』（月組、二〇一五年）など、近年の宝塚が次々に確かな成果を収めている、楽曲にロックテイストが入ってきた時代のミュージカルと『WEST SIDE STORY』の大きな違いはその点で、テナーの光り輝く高音を想定して書かれた楽曲を、男役のアルトのキーで歌うとどうしても楽曲がそもそも求めた効果は得にくい。これは演者の責任ではまったくなく、宝塚歌劇の特殊性に由来するところだけに、宙組八代目トップスターとして披露を飾った真風涼帆が抱えた困難には、決して少なくないものがあったはずだ。

だが、真風の常に鷹揚でおおらかで大きな芸風と、大浦みずき、水夏希といった、宝塚の時代をつないできた過去のトップスターの系譜につながる、シャープな香りがあるビジュアルがもたらすどこかミステリアスでクールなものという、ある意味アンバランスな個性の合致が、純二枚目のトニーのなかに少年期を脱して大人になろうとしている青年の、過渡期の揺らぎを描き出すことに成功している。少年の憧れと、青年の自覚と。真風のトニーが描いた両方の顔は、トニーが劇中で抱えるマリアへの恋と、リフやジェッツの仲間たちとの友情とのはざまで揺れる思いとに、そのまま直結する効果になった。どちらかといえば大人っぽい役柄で評価を得てきた真風から、こうしたみずみずしさが浮かび上がったのは貴重で、ここから始まる真風の時代に期待を抱かせる船出になった。

対するマリアの星風まどかは、何よりもよく通るリリカルなソプラノで作品に寄与している。非常に早い時点でのトップ娘役就任で、さらにマリアはこの作品の終幕を一人で切る必要がある、従来の宝塚歌劇のオリジナル作品のヒロインとは一線を画す大役だが、トップ娘役披露にして星風がその役割を演じきったことは称賛に値する。持ち味に少女性が色濃いのもマリア役には打ってつけで、盤石のデビューになった。

また宙組男役二番手スターとしてのデビューになった芹香斗亜が、抜群の立ち姿と存在感でベルナルド役を支えたのも見事だった。映画版のジョージ・チャキリスのイメージから大役の印象が強いベルナルドだが、オリジナルのミュージカル版では実は大きな持ちナンバーもないまま（映画版でベルナルドとアニータがプエルトリコの男女を率いて歌い踊る「アメリカ」は、オリジナルの舞台版ではアニータ以下、プエルトリコの女性だけのナンバー）第一幕で命を落とすという、しどころに乏しい難しい役柄だ。それを、芹香が本人の男役度の高さ一つに懸けて、立派に二番手の男役としての矜持を保っていたのはまさにあっぱれ。花組時代の『邪馬台国の風』（二〇一七年）で同様の難しさを克服した経験が生きていて、色気も加わりシャークスを率いる確かなリーダーだったのが何よりだった。

その恋人アニータの和希そらの出色の出来が全体から頭一つ抜けていて、この公演のMVPといっていい抜群の力量を示している。粋な大人の女性で、頭の回転も速く懐も大きいアニータは、前述したように作品のきわめて重要な鍵を握っている大役で、歌、ダンス、芝居すべてにそろった地力が求められる。それらすべてをクリアしただけでなく、野性的なビジュアルのハマりっぷりも加わり、目を引き付けずにはおかない存在として、作品全体を通して常に魅力的であり続けたのがすばらしい。長身なスターぞろいの宙組にあって、男役としては小柄なことで苦労も多かっただろう実力派が、ある意味その特性があったからこそ、一発逆転の満塁ホームランを放ったのだから、やはり演劇の神様はいるんだなと思わせられた。この才能を今後もぜひ生かし、伸ばす場が与えられることを切に願う。

また、何しろ少年非行グループの対立の話だから、男役の働き場がきわめて多いのもこの作品の特徴だが、ジェッツのリーダー・リフを演じた桜木みなとが、そのジェッツのリーダーとしての存在感をきちんと感じさせる一方で、トニーに対しては完全に弟分の少年らしい、甘やかさを醸し出して秀逸だった。「クール」のセンターも堂々と務め、大役をしっかりと自分のものにしていて頼もしい。

そのジェッツの面々では、リフ亡きあとジェッツを率いていくことになるアクションの瑠風輝に、もう一息の荒々しさがほしい。アクションはリフ亡きあと、ジェッツを図らずも率いることになり、リフも排除し続けた「女の子」のエニボディーズも仲間と認め、最後にはプエルトリコ人も同じ人間だと認めるに至る、劇中最も成長する人物だけに、その変化を出すためにも特に第一幕の間にはいつ爆発しても不思議ではない少年の危うさを押し出していくとさらによくなるだろう。ただ、アクションがドクの「俺がお前たちの年のころには……」という説教を遮り「あんたが俺の年？ 俺の親父が俺の年、兄貴が俺の年、冗談じゃない！ あんたはいまの俺の年じゃないし、二度と俺の年には戻れないんだ！」という意味の、少年の焦燥を表すかなり大切な台詞が、今回の翻訳ではやや単純化されていて、反発の仕方もボソッと突き放したようなものになっているのも、アクションという役柄の造形に影響を与えていると思う。これにどんな演出意図があったのかはわからないが、ここは世代間ギャップの重要な場面だけに、もう一つストレートでよかったのではないか。ほかにも今回の翻訳には、ジェッツとシャークスを「ギャング」と訳すなど、やや引っかかる言葉が散見されていて（直訳すればギャングで間違いないだろうが、やはり日本人が感じるギャングという言葉には、もっと大人のブラックな集団というイメージがあり、非行少年グループの彼らにはそぐわないと思う）、一考の余地がある。このアクションに代表されるように、ジェッツのメンバーの個性が集団美にまとまっているのは、それが宝塚の美徳であるのは承知のうえで、ブロードウェイミュージカルの、特にこの作品のジェッツに求められているさまざまな事情を抱えた非行少年たちとしてはもったいないと感じる。もっと個々がわれもわれもと飛び出してきていい役柄ばかりだから、思い切ってはじけてほしい。もちろん公演を重ねるごとに、これはきっとよくなっていくことだろう。期待したい。

終幕の運命を決めるチノに扮した蒼羽りくは、当初アクション役に扮するのではと予想していたが、内気で不器用で、言葉には出さないがマリアをまぶしく思っているという朴訥な青年をよく表現していて、この人が真に力をつけていることをあらためて感じさせた。蒼羽はもちろん、ペペの美月悠、インディオの実羚淳ら、優れたダンサーがシャークスに多く、ジェッツに比して台詞やナンバーが少ないことをダンスでカバーしていたのは、やはりよく考えられたキャスティングだった。

娘役たちも、綾瀬あきな、結乃かなりらジェッツ側がキレがいいダンスで、花音舞、瀬戸花まりらシャークス側が豊かな歌で、それぞれに場を盛り上げて、ジェッツの一員になりたがっている少女エニボディーズの夢白あやが『神々の土地』(二〇一七年)新人公演のイリナ役で見せた、かつてのトップ娘役白羽ゆりに通じる美しさを異色の役柄にも込めていて目を引く。「Somewhere」の小春乃さよのカゲソロも実に美しく場を支えた。

さらにこの作品の深みは、分別があるはずの大人の男性のほうが少年たちよりも強い人種についての偏見や蔑視をもっていることを包み隠さず描いている点でもあって、その代表であるシュランク警部補の寿つかさは、惚れぼれするほどのいやなやつの造形で、求められた役割を十二分に果たしている。そこからすると、虎の威を借る狐でどこか抜けている分まだ愛嬌があるクラプキ巡査の松風輝は、実に味があるいい役者になっていることを、今回も如実に表している。彼らとは決して交わらず、トニーたちを見守るドクの英真なおきの、温かく得がたい存在感が作品を引き締めた。

総じて、男女で歌う歌、男女で踊るダンスに、果敢に取り組んだ宙組選抜メンバーの必死さが作品の熱量と呼応していて、宙組誕生二十年の節目の年に、彼女たちが流した汗が、宙組が重ねる歴史の力になるだろう舞台になっている。

公演情報

宙組

『WEST SIDE STORY』
原案：ジェローム・ロビンス
脚本：アーサー・ロレンツ
音楽：レナード・バーンスタイン
作詞：スティーブン・ソンドハイム
オリジナルプロダクション演出・振付：ジェローム・ロビンス
演出・振付：ジョシュア・ベルガッセ
演出補・訳詞：稲葉太地

東京国際フォーラムホールC
〔2018年1月〕／
梅田芸術劇場メインホール
〔18年7−8月〕

二十周年の祝祭公演で新トップコンビ真風涼帆&星風まどかお披露目

──『天《そら》は赤い河のほとり』『シトラスの風──Sunrise』

『天《そら》は赤い河のほとり』は、小学館発行の「少女コミック」で一九九五年から二〇〇二年まで連載され、絶大な人気を誇った篠原千絵の大河少女マンガを宝塚ミュージカル化した作品。紀元前十四世紀、古代オリエントのヒッタイト帝国を舞台に、帝国の跡継ぎと目される皇子と、現代日本からタイムスリップした女子高校生との、次元を超えた運命の恋と帝国の怒濤の歴史を描いている。

STORY

紀元前十四世紀、古代オリエント。黒海へと流れ込む赤い河マラシャンティに抱かれたヒッタイト帝国の首都ハトゥサは、皇帝シュッピルリウマ一世（寿つかさ）の治世のもと、繁栄の時を迎えていた。そんなヒッタイトで血筋・知性ともに次代の皇帝にふさわしいと衆目が一致する第三皇子カイル・ムルシリ（真風涼帆）は、暁の明星が輝く明け方、王宮の泉から忽然と現れた自分たちとはまったく異なる装束の少女・鈴木夕梨（通称：ユーリ。星風まどか）に出会う。皇妃ナキア（純矢ちとせ）の手勢に追われていたユーリを行きがかりから助けたカイルは、ユーリがはるか未来の日本から、自分を亡き者にするための形代として、ナキアの呪術でヒッタイトにタイムスリップした少女だと知る。ナキアは自らの子を帝位に就けるため、ほかの皇子たちの命を狙っていたのだ。ユーリがナキアの手に落ちることは互いの命を危うくすることだととっさに判断したカイルは、ユーリをひと目で気に入り側室にすることにしたと宣言。カイルは風を操る神官である自分が泉に水が再び満ちる一年後、必ず元の世界に戻してやるとユーリに約束。カイルの言葉を信じる以外に寄る辺がないユーリは彼と行動をともにし、黒太子マッティワザ（愛月ひかる）率いる東の強国ミタンニとヒッタイトとの戦いを目の当たりにする。それは現代日本で、戦争を知らずに育ったユーリが想像もできなかった壮絶な光景だったが、だからこそ、自分が国を治めるようになった暁には、戦いがない国を作りたいと願うカイルの信念に共感を覚えて現代人の感覚で行動。いつしか人々はユーリを「戦いの女神イシュタル」と崇めるようになり、そんなユーリをそばで見守っているカイルもまた、ユーリを正妃にしてともに平和な国を築く力になってほしいと願い、ユーリもカイルの高潔な精神に引かれていく。

だが、ますます人望を集めるカイルとユーリを一気に失脚させるためにナキアが仕掛けた大胆な罠に足元をすくわれ、カイルとユーリは皇帝暗殺の嫌疑をかけられてしまう。間一髪、異母弟ザナンザ・ハットゥシリ（桜木みなと）に託してユーリを逃がしたカイルは、自らも逃げることはヒッタイトがナキアの意のままになることだと、あえてその場にとどまり捕縛される。一方なんとか逃げ延びたと思ったのもつかの間、ナキアに忠誠と愛を誓う神官ウルヒ・シャルマ（星条海斗）の呪術で洗脳されていた部下の反乱に遭い、命懸けでユーリを守ったザナンザは落命。一人残ったユーリも瀕死の重傷を負い力尽きて倒れる。だが、そんなユーリを救ったのは「戦いの女神イシュタル」にひとかたならぬ関心を寄せていた、大国エジプトの知将ウセル・ラムセス（芹香斗亜）で……。

実は二〇一八年の現代から決して遠くない時代まで、女性の生き方には大きな制約があった（と、過去形にしていいのかさえ戸惑うぐらいに）。幼いときは親に従い、嫁しては夫に従い、老いては子に従う「三従」を女性は当然のように強いられ、一生の間、全世界（三界）のどこにも安住の場所がない＝「女三界に家なし」という言葉があるくらいだ。さらに表向きはともかくも、そうした価値観が心のなかには根強く残っている時代に、少女マンガやハーレクインロマンスなど、女性に向けた夢を描く作品群のなかで大きな人気を集めたのが「ヒロインがさらわれる」という設定だった。例えば砂漠のシークに、また例えば遠い異国の王族に見初められた女性が、現実世界から強引に連れ去られ、逃れられない状況のなかでほとんどすべての登場人物に愛され、まったく新たな人生の幸福を見いだすに至る。この種の物語は膨大な数が作り出されていて、どの作品が何を模倣したというような話に収まるものではなく、もう完全に王道パターンとして定着している。そのなかで最も肝心なポイントは、ヒロインが家や家族への奉仕だったり、家業の労働力としての役割だったりという、自分が本来背負わなければならないものを自ら捨て去ったのではない、という点だ。ヒロインは、ただ愛されたために現実世界から引き離されたあくまでも被害者であって、そこに自己責任は何もない。と、書いていても切なくなるほど、こうした究極のファンタジーに仮託して、せめて夢を見ることしかできなかったほど、女性がその人生で選べる選択肢はあまりにも少なかったのだ。

二十世紀の一九九五年から足かけ七年、コミックスにして二十八巻という長大な物語を描いた少女マンガ『天は赤い河のほとり』にも、この王道のパターンは貫かれている。ヒロインは現代の日本から、タイムスリップによって古代ヒッタイトに飛ばされる。想像しようとしてもしきれないほど、それは確かにわけがわからない状況だろう。そこで美丈夫の異国の皇子から「必ず元の世界に帰してやる」と言われれば、それにすがるしかない。守られていれば愛しさも生まれる。ましてヒロインには古代の人たちが誰も知らない現代の知識がある。その知識から「闘いの女神」と崇められ、魅力的な登場人物ほとんどすべてから愛されてもまったく不思議ではない。原作者の篠原千絵が、こうした王道パターンを踏襲しながら、どのように波瀾万丈の物語を作り出し、ヒロインとヒーローの恋と成長を描いていったか、その力量がよくわかる。

そんな作品を宝塚で取り上げるにあたり、脚本・演出を担当した小柳奈穂子が、全二十八巻を九十五分間の舞台にまとめようという大冒険に出たのには、正直かなり驚かされた。もちろん小柳は同じ大人気少女マンガ『はいからさんが通る』の舞台化（花組、二〇一七年）にあたっても物語全編を舞台で描くことに成功しているが、両者には原作作品の長さと舞台の持ち時間に開きがある。さらに、例えば帝国劇場で上演された『王家の紋章』（二〇一七年）も長大な原作から使われたのはごく一部だったし、つい先日まで宝塚で大好評を博した『ポーの一族』（花組、二〇一八年）も、連作短篇の原作からポイントを絞って抽出されていたことを考えても、これは大きな賭けだったと思う。

だが、この作品が宙組新トップコンビ真風涼帆と星風まどかのお披露目公演であることから、二人がヒッタイト帝国の皇帝と皇后に即位するラストシーンが物語の終幕にふさわしいと決意したという小柳は、ヒーローであるカイルの従者キックリ(凜城きら)を語り部に、原作世界と古代史に照らして物語を猛スピードで展開し、怒濤のミュージカルに仕立てた。その構想は一方では成功していて、原作世界のキャラクターたちが次々と登場して居並ぶ冒頭は、ゲーム音楽を多く世に出している下村陽子を作曲に起用したことと、宙組スターたちの見事なビジュアル再現率も相まって、さながらゲーム作品の舞台化のようなワクワク感がある。新トップコンビの二人が人々に、つまりは組のメンバーたちに見守られて即位する大団円も、いかにもお披露目にふさわしい華やぎにあふれるものになった。さすがに展開が早すぎて敵味方の関係がよくわからない部分もあるものの、美しい絵姿にトップコンビが納まるのを見れば、くしくも生誕二十周年を迎えた宙組の、ここから始まる新しい歴史に期待する気持ちもふくらむ。

ただその一方で、このラストシーンに至るため、二十八巻もの原作世界を九十五分にまとめようとしたときに、最もフォーカスすべきはカイルとユーリが互いに結ぶ愛と信頼ではなかったかという思いも拭い去りがたい。というのも、この九十五分間で行動原理の背景や心境が最も色濃く描かれているのは、カイルとユーリを陥れようとするヒッタイトの皇后ナキアと、ヒッタイトと覇権争いを繰り広げる大国エジプトのネフェルティティ王太后(澄輝さやと)なのだ。彼女たちがなぜ権力に固執し、非道な行動を辞さないのかという問いは、それぞれの若きころの回想シーンまで用意した周到さをもって劇中で説明していて、あくまでもカイルとユーリの側から見れば敵である彼女たちも、己の信念を貫き懸命に生きている女性だということがよく伝わる。ナキアを演じている純矢ちとせの、相変わらず舌を巻くばかりのうまさと、男役が女性役に回ったからこその存在感、クールビューティーぶりが光るネフェルティティの澄輝さやとがともにすばらしいだけに、劇中に彼女たちが占める割合がことさらに大きく見え、全体のバランスを軋ませている（もちろん好演している彼女たちのとがではない）。何よりヒロインのユーリが、日本からヒッタイトに突然飛ばされた混乱がほとんど感じられないのがどうしてもつらい。何はなくともこの混乱がないと、ユーリが唯一の希望であるカイルに引かれていく過程が見えにくいし、劇中にユーリが現代人ならではの発想をするシーンも薄いために、彼女が「戦いの女神イシュタル」と崇められ、カイルやほかの登場人物たち、端的にいえばいい男軍団がそろってユーリを愛する理由もわかりにくくなってしまう。それはつまり、この長く愛されてきた原作世界が描ききった王道パターンの、要の部分が弱いということにつながるだけに非常に惜しまれる点だった。

もちろん女性の自己実現の手段が広がった時代に生きているだけでなく、劇作家や演出家を志し、その目指した道で着実に功成り名を遂げている小柳が、自己責任がないユーリではなく、生き残るために手を汚しても突き進むナキアやネフェルティティにシンパシーをより感じたのも無理はないと思う。二人をきちんと描いたからこそ、心に残る台詞も多かった。だが、この作品が新トップコンビのお披露目公演であること、さらに原作マンガ『天は赤い河のほとり』が、長い間受け継がれてきた女性の切ない夢を描いたものだということ、この二つはやはり何をおいても大切にしてほしかった。原作の補完知識がない状態で観劇すると、華妃まいあと夢白あや、宙組期待の若手娘役たちが演じている若き日のナキアとネフェルティティの登場場面が、それぞれの回想シーンだとは理解できないのではないかという演出上の危惧も含めて、小柳には自作をあらためて見つめてほしいと願う。

そのなかでカイルを演じた真風涼帆の泰然自若な持ち味が、カイルをヒーローとして作品に立たせる力になったことは見逃せない。もともと若手のころから大きな芸風に魅力があった人だが、いよいよ大舞台のセンターを任せられたとき、その存在が役柄をより引き立てて、劇中ではほとんど説明が省かれている、なぜ第三皇子が世継ぎとして人々に認知されているのかという点に、ほとんど疑問を抱かせないのはあっぱれ。平和な世を求める若き皇族として、古代オリエントの希望を双肩に担うにふさわしい舞台ぶりでトップスターとしてのデビューを飾った。

対するヒロインであるユーリの星風まどかは、組配属の前から宙組での抜擢に次ぐ抜擢でトップ娘役に駆け上ったシンデレラガール。その勢いがユーリの元気はつらつな面を強調していてほほ笑ましい。前述したように役柄自体の書き込みに浅い面があり、それを現時点の星風に埋めろというのはあまりにも酷だから、現代の少女が古代に飛び込んでも前向きに生きるという役柄に、星風の個性がピッタリとハマったことを喜びたい。王宮の宴でカイルの妃として披露される、やはりこうした王道物語の大定番「磨けば光る私」のシーンが、後物のレビューも含めて最も美しかったのも理にかなっていた。

エジプトの知将ラムセスの芹香斗亜は、これが宙組本公演デビュー。清廉な皇子の部分を強調している宝塚版のカイルに対して、ある意味「チャラい」雰囲気をもってラムセスを見せているのは、ヒーローに相対する二番手として非常に優れた判断で、経験値の高さを感じさせた。新宙組にとって強力な戦力の加入で、新天地でのさらなる活躍に期待を抱かせた。

芹香の同期生でもある愛月ひかるは黒太子マッティワザに扮し、抜群のプロポーションとキャラクター再現率で魅了する。出番があまりにも飛んでいて、一応台詞での説明はあるものの、カイルの宿敵からいつの間に味方にと混乱した向きも多かったと思うが、それは少ない出番のなかで愛月が客席にそれだけの印象を残している証しでもあり、スター力を見せつけた。二十周年を迎えた宙組の生え抜き男役として、今後も大切にしてほしい存在だ。

同じく同期生で弓兵隊長ルサファの蒼羽りくは、カイルの側近たちのなかでもさらに骨太な存在として目を引き、やはり一日の長を感じさせる。カイルの異母弟ザナンザの桜木みなとは、ヒーローの弟らしい華やかな甘さのなかに力強さを秘めてきて、落命するシーンに特段の迫力があった。カッシュの和希そらのシャープな動きは、全体のなかから抜きん出るパワーをもっている。ミッタンナムワの留依蒔世、シュバスの瑠風輝もグループ芝居のなかで懸命に個性を出していた。そのなかで、カイルの身代わりになる従者ティトの愛海ひかるが、非常に大きな役で抜擢に応えてさわやかな印象を残している。その姉のハディにこちらも宙組デビューの天彩峰里が扮し、男勝りな雰囲気がよく似合った。リュイの水音志保、シャラの花宮沙羅のシンクロした動きも実にかわいらしい。ネフェルトの遥羽らにはもう少し大きな役がほしいが、そのなかでも遥羽がここにいることをきちんと示せる力をつけてきたことを感じさせている。

ほかに、皇帝の寿つかさ、ハトホルの美風舞良がそれぞれの存在感で作品を支えているのはもちろん、怒濤のドラマの語り部としてきわめて重要な役割を担ったキックリの凜城きらをはじめ、トトメスの松風輝、タロスの風馬翔、イル・バーニの美月悠の存在感が、組長たちに追いついているのがなんとも頼もしい。加えて星吹彩翔も実力者だから、役柄をぜひ考慮してほしい。

そんななかで、ナキアを愛して忠誠を誓う神官ウルヒを専科から星条海斗が演じたことが、さらにナキアの物語の切なさを深めていて、どちらかといえばフルパワーで押してくる印象が強かった星条が、ここまで抑えた耐える演技で魅了することに感嘆した。本当に頼もしく成長してくれたというときに退団という道を選ぶのは宝塚の宿命とはいえ惜しみても余りあるが、金色の長髪がよく似合い、レビューの大活躍も含めて見事な花道になった。

総じて長大な原作だけに役柄が多く、宙組のメンバーがさまざまに活躍できたことは大きな利点で、ここから始まる真風の時代への期待を強く感じることができたのは幸いだった。

その真風の時代と宙組創立二十周年の歴史を見事につないだのが『シトラスの風――Sunrise』で、レビュー作家の重鎮である岡田敬二が長く取り組んできた「ロマンチック・レビュー・シリーズ」の記念すべき二十作品目という、大きな祝祭が幾重にも重なるものになった。宙組創立を飾ったレビュー『シトラスの風』（一九九八年）の再演場面に新場面も加えた、文字どおりの宙組「20th Anniversary」が展開していく。

『シトラスの風』はこれまで全国ツアーなどでも何度か再演されているが、やはり岡田レビューは大階段があり人海戦術が展開できる大劇場でこそ、その真価を発揮する。美しい色合いがあふれ出るオープニングから舞台はロマンチック・レビューの美の世界一色。「ステート・フェアー」の明るさ、伸びやかさが新コンビを彩るさまも美しく、宙組二十年の生き証人寿つかさが往年のダンスの名手「Mr Bojangles」に扮した新場面も胸を打つ。わけてもやはり、これぞ宙組！であり宙組の代名詞にもなった「明日へのエナジー」の輝きが、二十年の時を経てまったく衰えを知らないのは大きな喜びで、この節目の年に真風涼帆を中心にした新たな「明日へのエナジー」が見られたことは、ここからの宙組の何よりの礎になるにちがいない。

その「明日へのエナジー」の力があまりに大きく、すべてを超えてクライマックスに昇華してしまうだけに、全体のバランス的な据わりが揺らぐ部分はあるものの、それほどの場面がタイトルそのままに、宙組の明日へのエナジーになることを感じさせる仕上がりをことほぎたいレビューだった。

公演情報

宙組

『天《そら》は赤い河のほとり』
原作著作：篠原千絵
『天は赤い河のほとり』（小学館）
脚本・演出：小柳奈穂子
『シトラスの風——Sunrise』
作・演出：岡田敬二

宝塚大劇場〔2018年3−4月〕／
東京宝塚劇場〔18年5−6月〕

原作映画から鮮やかに飛翔
――『オーシャンズ11』

『オーシャンズ11』はラスベガスにあるカジノホテルを舞台に、十一人の男たちがホテル王を出し抜いて金庫破りに挑むハリウッド映画『オーシャンズ11』（監督：スティーブン・ソダーバーグ、二〇〇一年）を小池修一郎の脚本・演出のもと宝塚歌劇が世界で初めてミュージカル化した作品。二〇一一年に柚希礼音主演の星組公演として初演され、一三年に蘭寿とむ主演の花組で再演と歴史を重ねてきた。今回の宙組バージョンは宝塚歌劇三回目の上演で、一一年の初演時に新人公演で主人公ダニー・オーシャンを演じた真風涼帆、親友ラスティーを演じた芹香斗亜が満を持して本公演で同役に挑むことが、大きな話題を呼ぶ上演になった。

STORY

とある事件で服役中の天才詐欺師ダニー・オーシャン（真風涼帆）が仮釈放を迎える日、妻テス・オーシャン（星風まどか）の代理人の弁護士が離婚届を持って訪ねてくる。テスはラスベガスのホテル王テリー・ベネディクト（桜木みなと）が新たに建設するエコホテルのショースターに抜擢され、メジャーデビューを目前にダニーとの婚姻関係を解消したいと望んでいたのだ。だがいまでもテスを深く愛し、互いが運命のペアだと信じるダニーは離婚届を破り捨て、テスの愛を取り戻すべく「運命を変える街」ラスベガスへ向かう。

ダニーはまず親友のラスティー・ライアン（芹香斗亜）と落ち合い、テスがボランティアをしていた緑地再生を推進するNPO団体と提携して、環境に優しいエコホテルの建設に着手する。と、自身の事業拡張を美談として喧伝しているテリーが、実は金儲けのためならば手段を選ばない冷徹な人間であることをテスに知らしめるために、テリーが経営する三つのカジノホテルの収益が集められるホテルPARADISCOの金庫を破るミッションをもちかける。自身の恋人ポーラ（遥羽らら）の祖父リカルド（松風輝）が営むクラブがテリーの差し金で立ち退きを迫られていたラスティーは、すぐさまダニーの相棒としてミッションに参加。ラスベガス一のセキュリティーを誇る金庫からわずか一晩で上がる莫大な収益一億五千万ドルを奪い取るために、二人はさまざまな分野のエキスパート集めに奔走する。

その声に応えたのは、自身が経営するカジノをベネディクトに潰されたルーベン・ティシュコフ（凛城きら）。老舗ホテルで開催予定だったマジックショーをベネディクトが経営するホテルの横やりで中止にさせられたマジシャンのバシャー・ター（蒼羽りく）。そのバシャーが現在関わっている雑技団一のヨーヨーの遣い手イエン（秋音光）。イカサマが暴露されてラスベガスを追われたディーラーのフランク・カットン（澄輝さやと）。ハッキングの天才リヴィングストン・デル（瑠風輝）。映像加工でバーチャル世界を生み出す達人のバージル・モロイ（優希しおん）とターク・モロイ（鷹翔千空）兄弟。元カリスマ詐欺師のソール・ブルーム（寿つかさ）の、いずれ劣らぬその道のプロたち。さらに、伝説の天才スリの息子という出自を重荷に感じてケチな小遣い稼ぎで鬱々と日々を過ごしていたライナス・コールドウェル（和希そら）も「本物の男にしてやる」というダニーの言葉に、父を超えるべく協力を決意。ここにそれぞれが並はずれた技術をもつ十一人「オーシャンズ11」の面々がそろった。

これまでホテルショーを支えてきたスターであるクィーン・ダイアナ（純矢ちとせ）の恨みを買うことを歯牙にもかけず、テスを自分の意のままになるディーヴァに仕立て上げ、さらに妻にしようとしているベネディクトの裏をかき、テスの心を取り戻すため、ダニーの「オーシャンズ11」のミッションが、いま始まる……。

宝塚歌劇で初めてこの作品がミュージカル版として上演された二〇一一年は、いうまでもなく東日本大震災という大きな天災が日本を襲い、こうした国難のなかにあってエンターテインメントはどうあるべきなのかという議論が繰り返された年として痛烈な記憶を残している。この作品自体の上演は年末に近い時期ではあったが、復興や節電という大目標を前に、さまざまな演劇人や団体がエンターテインメントのあり方に直面し、それぞれの模索を続けていたのだ。

そのなかで宝塚歌劇の、さらに日本ミュージカル界の雄である小池修一郎が、エンターテインメント性に徹頭徹尾寄ってショーアップしたミュージカル『オーシャンズ11』を生み出したことは、大衆の娯楽であることを常に目指してきた宝塚歌劇が出した一つの答えでもあったと思う。

実際、映画版の『オーシャンズ11』はあくまでも天才詐欺師率いるプロの犯罪者集団が、ラスベガスを牛耳る大悪党を相手にだましだまされのコンゲームを展開するスリル、そのドキドキハラハラでほぼすべてができあがっている作品だ。だが、小池が提示した宝塚バージョンではコンゲームのスリルはわずかに後退して、主人公ダニー・オーシャンが最愛の妻テスの心を取り戻すことを軸に、小池作品に頻繁に登場する理想のホテル建設や、美術館のキュレーターという原作設定から、メジャーデビューを目指す歌手に変更されたテスがリハーサルを重ねる新ホテルのショーステージなど、宝塚歌劇のセオリーにのっとった愛のドラマと華やかなショーシーンが展開を支えていく。スロットマシンが輝くカジノ、大がかりなイルージョン、圧倒的な人海戦術が、あくまでも愛の物語であり、あくまでも豪華絢爛な娯楽大作になっていて、それが小池が提示した宝塚歌劇のエンターテインメントのあるべき姿だった。

だから星組での初演版は、劇場に座っている三時間はすべての現実を忘れて夢の世界に飛翔させる、という宝塚歌劇の心意気に涙するものだったのはもう一片の議論の余地もない。だがその一方で、映画版のスリルと愛の物語をもう少しドッキングさせることができないかなという、それこそぜいたくな欲がよぎったのも、当時の偽らざるところではあったものだ。けれども、より男の物語感を強めていた二〇一三年の花組版、さらに一四年に香取慎吾主演で男優と女優が上演する外部公演版として上演されたバージョンを経て、やや時間を置いて宝塚歌劇に帰ってきた宙組の『オーシャンズ11』には、そうしたある意味の葛藤を乗り越え、つまりはもともとの映画版から鮮やかに飛翔した、宝塚歌劇だけのミュージカル『オーシャンズ11』としての伸びやかさと、輝きがあることに大きな感動を覚えた。

というのも、これは主演の真風涼帆、その片腕の相棒ラスティーの芹香斗亜をはじめとした、「オーシャンズ11」の面々に共通する色合いなのだが、彼らには実は法を犯しているということに対する屈託がまったくない。本来宝塚歌劇のヒーローが法律の外にいることはこれまでさほど多くはなかったし、例えばその設定があったとしても、法を犯すに至るにはそれ相当のやむにやまれぬ理由があり、むしろ同情を集めるような流れになっていたことがほとんどだ。初演の柚希礼音、再演の蘭寿とむのダニーにも、事細かく説明こそされていないが、天才詐欺師という生き方をせざるをえなかった何かがある、という心のねじれの表現は常に秘められていたと思う。けれども真風のダニーは実にすがすがしいまでの犯罪者で、己の才能に絶対の自信をもち、スリルを楽しんで生きていて、これが作品の色を決定づけた。ダニーに「金庫破り」をもちかけられた芹香のラスティーが「人殺しだけはやめてくれ」と訴えるように、彼らは人さえ傷つけなければそれはあくまでゲームで罪ではないと思っている。最後に仲間に加える和希そらのライナスを「男にする」のがミッションのもう一つの目的だとダニーは言うが、彼が言う「男にする」は地下鉄で一般庶民の財布をするようなケチなまねはせず、もっと大物の犯罪者になれという意味なのがなんとも象徴的だ。この天に恥じない詐欺師っぷりが、宝塚の『オーシャンズ11』を新たな境地に引き上げた。何しろ「天才犯罪者集団」が仕掛けたミッションなのだから、するすると物事が進むのは当たり前。そこにスリルを求めるよりも、宝塚でしかできないぜいたくなダンスシーンやイルージョンを楽しみ、さらにヒーローがどのように運命のペアである妻の心を取り戻すか？にときめいて見ることが正解という、実に正しい王道宝塚歌劇のあり方に作品が飛翔していったさまが、ダニー同様すがすがしい。思えば、当然ながら映画版から出発した柚希のダニーや、そこから発展させた蘭寿のダニーに「男にされた」ライナスを星組と花組でともに演じていた真風と芹香が「オーシャンズ11」のセンターにいるのだ。二人の表現の根っこが映画版のそれではなく、宝塚歌劇百周年の華やぎを担った先人トップスターの背中だったことは間違いなく、この作品が宝塚で重ねた歴史が示した帰結が美しかった。

そんな主人公の天才詐欺師ダニー・オーシャンを演じた真風涼帆は、前述したように天下に隠れない犯罪者っぷりの伸びやかさで魅了する。もともと初演時から未完成の少年らしさの塊であるライナスよりも、新人公演で演じたダニーのほうが柄に合っていると思わせた悠揚迫らぬ個性に、トップスターとしての経験と大きさが加わってなんとも魅力的。テスを一途に愛する心根を訴える「愛した日々に偽りはない」の切々とした歌い上げもすばらしく、この天才詐欺師が服役する羽目に陥ったのも、テスへの愛に心を取られいつになく力が入りすぎたからだろうと思わせるのがたいしたもの。「FATE CITY」をはじめとしたスーツ姿のダンスも粋にキメて、トップスターとしてますます磨きがかかっている。

そのダニーが心から愛するテス・オーシャンの星風まどかは、テスが歌手であるという宝塚版の設定に歴代で最も説得力を与えた歌唱力が光る。おそらくもう数年あとに演じたほうが、役柄に本人の持ち味がよりかなってくるだろうと思うが、そのなかでも精いっぱい大人の女性に作ったありようが、テスのある意味の強がりに通じる効果にもなっていて、星風まどかのテスとして成立していたのが喜ばしい。ビジュアルにもさまざまな工夫を凝らしていて、トップ娘役たる矜持を示していた。

ラスティー・ライアンの芹香斗亜は、今回の宙組バージョンで、二〇一四年の香取慎吾主演版で盟友山本耕史がラスティーを演じるにあたってふくらませた設定が持ち込まれたことで、さらに大役になったダニーの片腕としての役柄を軽妙洒脱に演じていて進化を感じさせる。香取版で作られた「オーシャンズ10」が初めて宝塚版に登場したことで、二人のバディー感がさらに鮮明になったし、花組バージョンで北翔海莉の独壇場になった医師に化けるシーンを、芹香が負けず劣らず大きな見せ場にしていたことがうれしい。そこからラスティーに戻ったときの極め付きのカッコよさも堪能でき、遥羽らららが抜群のプロポーションでキュートに演じる恋人ポーラへの、はぐらかしているようで実は本気の愛情もよく示していた。

彼らに立ちふさがるテリー・ベネディクトの桜木みなとは、どうしてテリーがこういう思考の人物になったかが描かれている、実はかなり宝塚らしい敵役であることを納得させる役作り。第二幕冒頭のテスの夢のなかでの白ブラウスの王子様スタイルが、ヘビのこしらえよりもはるかに似合っているのが、桜木の二枚目男役としての資質を示している。後半は「オーシャンズ11」に翻弄されるが、鼻を明かされた悔しさはもちろん強烈なものの、ベネディクトの損害自体は本人にとってたいしたものではない、というこの作品の軽やかさによく合ったベネディクト像だった。

　そして、何しろ役柄が多いのがこの作品の最大の魅力の一つだが、なかでもやはりそれぞれが登場の時点で大きな見せ場を担っている「オーシャンズ11」メンバーに強力な布陣がそろったことが宙組バージョンを後押ししている。わけても、大変残念ながらこれが退団公演になったフランク・カットンの澄輝さやとが、本来の貴公子的な持ち味から一つ離れた、わけありのディーラー役で食わせ者感を噴出させたのが退団公演にして新鮮だったし、同じく退団のバシャー・ターの蒼羽りくの明るい持ち味とダンス力の双方が生かされて輝いているだけに、惜別の念をよりいっそう深めた。宙組の個性を形成する貴重な人材の二人が、相応の働き場を得て退団公演を飾ることができたのを何よりのはなむけとして多としたい。

　また、リヴィングストン・デルの瑠風輝が、思いっきりカリカチュアして作り込んだ役柄でこれまでのベストパフォーマンスと思える成果を見せたのも大収穫だし、身体能力の高さで役柄を支えたイエンの秋音光、こうした役柄はもう軽々と演じていると思えるルーベン・ティシュコフの凛城きらの巧みさ、バージル・モロイの優希しおん、ターク・モロイの鷹翔千空の男兄弟らしいコミカルな動きと、それぞれが個性を発揮して楽しい。

　さらに特筆すべきがライナス・コールドウェルの和希そらで、真風、芹香と歴代のライナス経験者とともにいる舞台のなかで、役柄がもつ屈折と、いかにも未完成な青年の愛らしさと頼りなさを見事に描き出していて、これは出色。長身の男役ぞろいの宙組で上背に恵まれていないことが、ライナス役にはむしろ打ってつけですばしっこい動きとともに魅了した。このライナスに「飛べ！」

と背中を押すのが、宙組の歴史を支え続けてきた寿つかさ演じるソール・ブルームであることもなんともいえない妙味を生んでいて、寿自身の一癖も二癖もあるソール像と相まって、大きな見どころになっていた。芹香を中心にした「JUMP!」も人生の応援歌としてミュージカル『オーシャンズ11』の華になっている。

そんな「オーシャンズ11」がやはり作品の肝になっている分、歌唱力を買われての起用だったことは重々わかるが、マイクに回った留依蒔世が「オーシャンズ11」にいないことが惜しまれるし、留依を配役するのならばマイクのソロをもっと増やしてほしかったという思いも残るが、マイク役をある意味物足りなく感じさせるのは留依の力量ゆえで、さらなる活躍を期待したい。3ジュエルズの瀬戸花まり、華妃まいあ、天彩峰里のダイナミックなハーモニーも聞きものだった。

ほかにもテリーの配下のテーラー美月悠が見せる、誠実でかつ緻密な演技は宙組を見る楽しみの一つだし、「NEVER GIVE UP!」でも活躍するリカルドの松風輝もますます味わい深さを増していて、テレサの花音舞とポーラの遥羽との家族芝居も楽しい。緑地再生を推進するNPO団体の代表者で実は……があるウッズ夫妻の美風舞良と星吹彩翔、テリーの配下ベスの愛白もあ、チャールズの星月梨旺、ブルーザーの若翔りつがそれぞれ個性を発揮して作品を深めている。学生時代のテスを演じる夢白あやの美しさはやはり貴重で、ダニーがひと目で恋に落ちたことに説得力を与えていた。

特に、宝塚の『オーシャンズ11』オリジナルキャラクターであるショースターのクィーン・ダイアナの純矢ちとせは、彼女にしかできないだろうという思い切ったアクの強い演技で場をさらい続け、強烈に目を引き続けた。こうした濃い役柄から静けさがある役柄、格がある役柄と、なんでもござれのオールマイティーの娘役だった純矢の退団は寂しいかぎりだが、おそらく歴代で最も振り切っていて、かついい意味で哀愁がないダイアナの表出は、純矢の有終の美として長く記憶されるだろう。ハロルドの春瀬央季、エディの実羚淳が振り回されっぱなしのおかしみも、よく絵になった。

何よりも、小池修一郎が貫いたエンターテインメント性が、太田健の名曲ぞろいのナンバーとともに宝塚歌劇の『オーシャンズ11』に結実したのがうれしく、今後も再演を重ねてほしい娯楽大作として作品自体の成長が見えたことが喜ばしい舞台になっている。

公演情報

宙組

『オーシャンズ11』

脚本・演出：小池修一郎

宝塚大劇場〔2019年4–5月〕／

東京宝塚劇場〔19年6–7月〕

宙組誕生20周年記念『宝塚歌劇団イベント』レポート

一九九八年に宝塚五番目の組として誕生した宙組創設から二十年を迎えた節目を祝う『宝塚歌劇団宙組誕生20周年記念イベント』が、二月十九日に兵庫県の宝塚大劇場で、歴代トップスターと現宙組トップスター真風涼帆以下、宙組生の出演のもと、華やかに執りおこなわれた。

花組、月組、雪組、星組に続く五番目の組として宙組が誕生したのは一九九八年一月のこと。それまで宝塚歌劇団の本拠地である兵庫県の宝塚大劇場だけでおこなっていた宝塚歌劇の通年公演を、東京宝塚劇場の建て替えを契機に東京でも実現するべく、東西での通年公演実施のために創設された、宝塚歌劇六十五年ぶりの「新組」だった。この新しい組は、初代トップスターの姿月あさと、トップ娘役の花總まり、二番手男役スターの和央ようかをはじめとした既存四組からの選抜メンバーで構成され、香港公演を経て、九八年三月に宝塚大劇場公演『エクスカリバー』『シトラスの風』で船出した。

特に長身の男役が多く集められたダイナミックさと、伝統を一から作り上げる新組ならではの未知数の輝き、歌唱力に秀でた初代トップスター姿月あさとのもとで培われたコーラスの厚みに個性を発揮。今日まで二十年の歩みを進めてきた。

そんな宙組誕生二十周年を記念しておこなわれた祝祭のイベントは、宙組創設メンバーであり、現在宙組組長を務める寿つかさの司会でスタート。舞台中央に映し出される映像で、お披露目から現在まで三十五公演五十九作品のなかから、歴代トップスターの変遷を盛り込んだダイジェストが紹介される。姿月あさとの宙組発足の口上が緊張感にあふれ、あれから二十年の感慨を早くも深くするものがある。

そこから、やはり宙組創設メンバーで現在宙組副組長の美風舞良が加わり、ゲストの歴代トップスターが一人ずつ登場して、懐かしい思い出を語るコーナーへ。

最初に登場したのは、二〇一八年十一月十九日に宝塚を卒業したばかりの七代目トップスター朝夏まなと。寿が「朝夏まなとさんです」と敬称付きで紹介するのにむしろ違和感を覚えるほど、あまりにも現役時代が間近なOGだが、グレーのブラウスに黒のパンツスタイルの朝夏は実にかわいらしい雰囲気を醸し出していて、寿組長が「まぁ君と呼んでもいいの?」と問いかけたほど。「今日はいいです」とにこやかな本人は、「今日二月十九日が退団からちょうど三カ月目の記念日です」と挨拶し、ピンヒールの歩き方も初々しい。

映像は『王妃の館——Château de la Reine』(二〇一七年)の朝夏演じる北白川右京と、現トップスターの真風涼帆が演じるルイ十四世がベルサイユ宮殿へと向かうシーン。自身が演じる北白川を

「変な人でしたね」と語る朝夏に客席からも笑いが巻き起こり「ベルサイユへ〜♪」と三人が歌いだすのが、記憶に新しいこの公演らしさを表している。続いて映像は朝夏退団公演のショー『クラシカル　ビジュー』（二〇一七年）の黒燕尾のダンスシーンになり、「宙組全員のパワーを背中に受けて踊っていた」と振り返る言葉に、男役・朝夏まなとがこだわり抜いた黒燕尾のダンスシーンの美学を思い出した。

続いて登場したのは六代目トップスター凰稀かなめ。ゴールドのフォーマルでドレッシーなパンツスタイルが美しく、舞台中央で挨拶する声もふんわりと優しいが、一転、寿組長と美風副組長のもとに駆け寄る姿にちゃめっ気があるのが凰稀らしい。二〇一五年二月の退団から丸三年で、朝夏が三カ月、私が三年、と椅子に座る朝夏に話しかけながら語る姿は、トップ二番手の盟友関係にあった二人ならでは。

映像は『風と共に去りぬ』（二〇一三年）のレット・バトラーで「眉毛が太い！　もみあげも太い！」と、そこに大きなこだわりがあったことを凰稀がにぎやかに語ると、寿も美風から「稽古場からその太さに違和感がなかった！」というエピソードも。一転して『ベルサイユのばら――オスカル編』（二〇一四年）の、オスカルのラストシーンが映し出され、これが同じ人かという宝塚ならではの変身の妙が映像からも伝わる。本来アンドレが迎えにきてガラスの馬車に乗るラストシーンが多い『ベルサイユのばら』だが、発表こそしていなかったものの、上演時すでに次公演での退団が決まっていたことから、オスカルの一生を男役スター凰稀かなめの来し方になぞらえた「花のいのち」の歌詞が書かれたという秘話を凰稀が披露。「その花は女として生まれ、男として生き、人として宙に還る」という歌詞を初めて聞いたときに、サヨナラショーのようだと瞬時に連想したことがよみがえった。

次に五代目トップスター大空ゆうひ（在団時は祐飛）が登場。黒のどこかアバンギャルドないでたちがいかにも大空らしく、さりげないけれどもカッコいい、独自の世界観が健在なのを感じさせる。

映像はお披露目公演『カサブランカ』（二〇〇九年）。寿が「一幕のラストシーンですね」と語ると「よくわかりましたね！　私、どこかなと思った！」と笑わせる。孤独な役柄だったけれども店の従業員たちを演じるメンバーが盛り立ててくれたことや、映画で有名な「君の瞳に乾杯」を舞台でやるかやらないか、演出の小池修一郎と何度も話し合ったが「舞台の台詞としてなんとか成立させました！」という納得の言葉に、客席からも大きな拍手が送られる。

また、退団公演のショー『クライマックス！』（二〇一二年）の映像が映るなか、「私の役はお亡くなり率がすごく高くて、相手役の野々すみ花さんを守ってお亡くなりになることが多かった」と笑わせながら、「学年が上になってからの主演男役就任、さらにトップスターとして宙組にくるという形だったけれども、ずっと下の下級生たちまでが甘やかしてくれて、たぶんいちばん甘えていられた時期だった」という趣旨の思い出を語り、遅咲きの花だったからこそ、ダンディーな大人の男性を演じられる魅力を放っていた大空トップ時代の、宙組の温かさをあらためて感じさせていた。

そのあとに登場したのが四代目トップスターの大和悠河。現在はモデル並みの体形を誇るキュートな大和だが、この日はイベントの趣旨に見事にマッチしたアイボリーのパンツスーツ姿。「すぐに戻れそうですね」と話を振られて「戻れますよ！」と男役風の足の組み方を瞬時に見せて、男役のDNA健在ぶりを披露しながら「大劇場、やっぱり広いですね！」と手をかざして劇場を見回すさまが、大和らしいチャーミングさにあふれる。

映像は退団公演の『薔薇に降る雨』（二〇〇九年）。「実はものすごくキスシーンが多い公演で、八回もキスシーンをしているんです。せっかく最後なのだからとこだわって、さまざまなバリエーションを考えました」との大和の語りに呼応するように、相手役陽月華とのキスシーンすべてが編集された映像に、場内は笑いに包まれる。また、大和のトップ披露が宙組誕生十周年の記念だったことから、その祝賀も兼ねたお披露目のショー『宙 FANTASISTA!』（二〇〇七年）の大階段では、「十年の歴史を引き継いでいくぞ、との思いを込めて振り返っています！」というキメポーズへのエピソードや、冒頭の卵のなかから誕生するシーンの話では、寿と美風が「コスモ、コスモ」と、当時のままの呼びかけを披露して、宙組の歴史を作ってきたメンバーならではの会話が美しい。

続いて三代目トップスターの貴城けいが白のふんわりしたブラウスに、同じ白のパンツ姿で登場。「センターに立つだけで圧倒される」と大劇場への里帰りに感慨深げ。ライトのまぶしさにもあらためて感嘆しながら、宙組創設二十年の祝意を語る。

お披露目公演の『コパカバーナ』（星組、二〇〇六年）は著作権の関係で静止画像での紹介だったが、「この公演から宙組に組替えしたけれども、三日くらいでもうずっと前から宙組にいたような気持ちになっていた」と、ここでもまた宙組の温かさが語られる。公演が星組からの続演だったことから、小さなテレビを囲んで星組の映像を見ながらの振り起こしが大変だったエピソードや、シアター・ドラマシティでのコンサートでジーンズ姿で歌い踊る貴城という、ノーブルで美しい男役だった彼女のアクティブな面も回顧される。

さらに退団公演のショー『ザ・クラシック』(二〇〇七年)では、出る場面、出る場面で軍服だったという、宝塚の男役の美意識がつまったさまざまな軍服姿が映し出され、千秋楽では「I LOVE CHOPIN、I LOVE CHOPIN」の歌詞を、宙組メンバーが貴城の愛称に置き換えて「I LOVE かしさん、I LOVE かしさん」と替え歌で歌ってくれた、という宝塚ならではのアットホームなエピソードに、宙組の、宝塚の美点が浮き彫りになった。

そして、宙組創設メンバーであり、歴代最も在任期間が長かった二代目トップスター和央ようかが、白のパンツスーツで登場。客席で見守る、つい先日雪組公演『ひかりふる路《みち》――革命家、マクシミリアン・ロベスピエール』(二〇一七―一八年)で宝塚に楽曲を書き下ろしたばかりの、夫君フランク・ワイルドホーン氏を紹介。いま思い返せば運命の出会いにもなった、ワイルドホーン楽曲の退団公演『NEVER SAY GOODBYE』(二〇〇六年)の映像を見ながら思い出を披露する。

そのなかで「ワン・ハート」というナンバーで和央が「ひとつの」と歌うと宙組メンバーが「ひとつの」と呼応する歌だったにもかかわらず、歌詞を間違い、完全に創作したのに組のメンバーが同じように唱和してくれたという有名なエピソードを語り、あらためて寿と美風に謝る一幕も。二人は「全然大丈夫だった、余裕だった」と返したが、「それは二人が優しいからで、退団後下級生たちに会うたびに「あのときは大変でした!」と言われた」と語り、笑わせる。また宝塚での初演を担当した『ファントム』(二〇〇四年)では、顔面に障害を負っているという宝塚では難しい表現が初演だっただけに大変だったが、エリックという役柄のピュアで少年のままの心を自分の大好きなブルーで表現したいという思いを受けて、ブルーのクリスタルで仮面を作ってくれたスタッフの心配りに感謝も寄せて、宝塚のキャストとスタッフが一丸となった舞台作りをほうふつとさせていた。

最後にいよいよ初代トップスター姿月あさとが登場。寿と美風と抱き合ってこの特別な日を喜び合う一コマも。組長、副組長として現在の宙組を支える二人が、一瞬にして下級生の顔になるのも宝塚ならではだ。

お披露目公演『エクスカリバー』の映像とともに当時を振り返りながら、やはり六十五年ぶりの新組の初代トップスターという責任は当然ながら相当に重いもので、「いまだから言えるけれども大変だった」と語りながら「大変という暇さえないほどで、とにかくやるしかなかった」という言葉に、姿月が背負っていたものがしのばれる。また、オペラ『カルメン』(一八七五年初演)を題材にした『激情』(一九九九年)では、格闘に近い激しい殺陣があり「戦ったよね〜、大変だったよね」と姿月が和央に語りかけ、いまや宙組を語るになくてはならない名シーンになった『シトラスの風』の「明日へのエナジー」でも、「たかちゃん(和央の愛称)、やっぱり汗かいてる!」と指摘して笑い合い、新組の創設時に、組のトップと二番手だった二人の固い絆が感じられた。さらに「もうすぐ映ります!」と群舞のなかの寿を示す場面もあり、いまでも色敵役をこなせる若々しい組長である寿が中堅時代のはつらつとした表情に注目が集まり、宙組の歴史を感じさせた。

ゲスト全員のトークが終わると、公募から選ばれた組名お披露目式で、書道家・望月美佐氏が書いた見事な「宙」という大パネルとともに、三月に大劇場お披露目を控えた現宙組トップコンビ真風涼帆と、星風まどかも呼び込まれる。傍目にも、このシチュエーションで緊張するなというほうが無理だろう、という状態でセンターに立った真風と星風の、直立不動の硬くなった姿が初々しい。

パネルを見ながら姿月がお披露目式を振り返る。当時、式に参加していた姿月と和央にも組名は知らされておらず、望月氏がまず一筆目をチョンと置いた時点で噂されていた「虹」や「夢」ではないなとわかり、じゃあ何？、何？と思いながら筆運びを見つめていたが、あまりにもパネルの近くに立っていたこともあって「えっ？「寅」!?」と思ったという、姿月の言葉に場内は大爆笑。「宙組に決定！」と聞き、「ああ、「寅組《とらぐみ》」じゃなくてよかったと思った」と振り返り、「空」という字は「空席」にもつながることから縁起面もあわせて「宙」の字が使われたという経緯を説明して、「でも当時はパッと読めなかった」という思い出に、この二十年でこの文字が「そら」の予測変換にも登場するようになったのには、宝塚の存在もあったのだろうと思うと、その重みがさらに感じられる。

そして、現在お披露目公演稽古中の真風と星風から、『シトラスの風――Sunrise』（二〇一八年）でアドバイザーを務めているという姿月への謝辞が語られたが、真風でさえ挨拶に硬さがあったほどだから、星風のお礼の言葉はどうしても滞りがちに。そんな星風とリアルタイムで舞台をともにしていた凰稀と朝夏の子どもを案じるような表情とともに、星風がようやく話し終わったとき、隣でガッツポーズをした大空の様子がなんとも温かい。これが宝塚という花園で育った人同士の絆なのだなと、あらためて感じさせる瞬間だった。

姿月の「いまの宙組らしい、新たな『シトラスの風』を作り上げてほしい」という言葉とともに、歴代トップがエールを送るなかで、貴城に「真風さんが本当にカッコイイ」とたたえられた真風が、ドリンキング・バードもかくやとばかりに頭を下げ続ける姿もほほ笑ましく、温かな笑いが場内に広がる。大和が、宙組創設時に月組にいて感じていた「ダイナミックでエネルギッシュで、とてつもない可能性がある組だと思って見ていました。これからもどこまでも羽ばたいて、飛躍してほしい」と語れば、大空が「二十年といえば成人式。これからもっと熟成していくでしょう。宙組のカラーはすでにあると思いますが、のびしろがあるところが面白い魅力」と、組の発展に期待した言葉が聞かれ、宙組の軌跡を振り返るイベントはいよいよクライマックスの歌唱披露に。

まず、宙組創設メンバーの姿月、和央に真風が加わり「夢・アモール」を歌いながら三人が銀橋をいく夢の共演が披露され、そこから姿月がソロを取り、現宙組生全員とのコラボレートによる「明日へのエナジー」へ。宙組を象徴する楽曲として、凰稀、朝夏時代にも再演が繰り返されてきたが、やはり初代の姿月のあくまでもソフトでありながら豊かな歌声のためにこの曲は作られたのだと感じさせる歌唱が圧巻。手振りの範囲に納まる振り付けで、この日は歌唱だけの披露だったが、各組の個性的な面々が集まってできあがった宙組の新しい組としての団結を見事に果たしたこの曲のルーツが現在の宙組へと引き継がれるコーラスの厚みに、ここから三十年、四十年へと歩みを続ける「宙組」の栄光の明日が見える思いだった。

イベントの最後は、出演者全員で「シトラスの風」を大合唱。「先輩方の熱い思い、情熱を絶やさぬよう、これからも精進してまいります」という真風の決意宣言で、夢のようなイベントの幕が下りた。
　さらに鳴りやまないカーテンコールに応え、もう一度幕が上がり、姿月が「宙組の歴史には、今日は参加していないが、花總まり、紫城るい、陽月華、野々すみ花、実咲凜音の歴代トップ娘役、客席にいる初代組長・副組長の大峯麻友さん、出雲綾さんをはじめとした、宙組に在籍したすべてのメンバーの思いがこもっている。今日ここに集った私たちは、親戚のような家族のような絆で結ばれていて、ずっと宙組を応援しているから、初日に向けて頑張ってください」という趣旨の言葉が現宙組生全員に贈られ、二十年という節目を刻んだ宙組の歴史と、歴代トップスターが一人も欠けることなく大劇場に集ったこの輝かしい瞬間に、熱い思いが込み上げる時間になっていた。

公演情報

『宙組誕生20周年記念イベント』
構成・演出：岡田敬二

宝塚大劇場〔2018年2月19日〕

宝塚歌劇百周年記念『大運動会』レポート

二〇一四年十月七日、大阪城ホールで宝塚歌劇百周年記念の『大運動会』がにぎやかに開催された。宝塚には組を超えたイベントがいくつかあるが、ベテランの専科生から音楽学校生までを含めた現役タカラジェンヌ全員が一つの会場に集うというのは、十年に一度のこの『大運動会』ぐらいのもの。しかも本業の芸事でなく、七十五メートル走、大玉転がし、綱引き、組対抗リレーなどのスポーツ競技で得点を競うお祭り騒ぎとあって、会場はスタート前から大変なヒートアップ。花、月、雪、星、宙、専科のそれぞれの応援席には、組ごとに趣向を凝らして仮装したファンたちも多く集まり、同じ空間にいるだけで、もう盛り上がらなければ損!、という熱気にあふれていた。

まず、華やかな入場行進は抽選による登場順でトップバッターは宙組。『銀河英雄伝説@TAKARAZUKA』(二〇一二年)の再現で、凰稀かなめのラインハルト・フォン・ローエングラム、実咲凜音のヒルデガルド・フォン・マリーンドルフ、朝夏まなとのジークフリード・キルヒアイス、緒月遠麻のヤン・ウェンリーがそれぞれの扮装で黒装束の組子を率いて登場。舞台冒頭の台詞をもじって全組の人数と宙組の人数を比較し「面白い、勝ってみせる」と凰稀が舞台そのままのキメ台詞を披露。これはなかなかシャレていて、着想の勝利といったところ。素化粧でラインハルトの扮装をこなす凰稀の美貌もさすがだった。

続く星組は全員黒学ラン姿で、柚希礼音が『ドラえもん』(藤子・F・不二雄、全四十五巻〔てんとう虫コミックス〕、小学館、一九七四—九六年)のガキ大将ジャイアンに扮し「俺はジャイアン」ならぬ「俺はちえちゃん」を歌い上げて練り歩く豪快な入場。組子のダンスも隊形を巧みに変化させて広い会場の空間を埋め尽くし、ここからすでに気合い十分。柚希の熱血漢ぶりがまさにジャイアンそのもので、星組名物ともいえる鶴美舞夕のバトンパフォーマンスもあり、大いに盛り上がった。

専科は、松本悠里が天女のような姿で登場。赤いジャケットでそろえた轟悠以下メンバー全員の紹介もあり、あくまで朗らかな北翔海莉や、最も新しい専科生である華形ひかるまで個々の顔がよくわかり、この人数ならではのぜいたく感。音楽学校生が、各組カラーの布を使ってマスゲームのようにキビキビと踊る姿がなんともかわいらしかった。

月組は一世風靡セピアの「前略、道の上より」に乗って、全員暴走族風のパフォーマンス。かなりレトロな選曲に驚いたし、リーダーの龍真咲が乗り回しているのがバイクならぬ自転車なのが笑いどころでもあるのだが、金ラメの学ランでキメにキメた龍の雰囲気がこのシチュエーションに似合いすぎるほど似合っていて喝采もの。星条海斗の一輪車も巧みだったし、龍の自転車を旗を振りながら真っ赤な学ランで走って追いかけ、ラストを締めた愛希れいかの「男前」っぷりが光った。

雪組はこの運動会がトップコンビとしての初披露という新トップコンビ早霧せいなと咲妃みゆが、前作『一夢庵風流記　前田慶次』（二〇一四年）で秀吉が乗っていた記憶も新しい神輿に乗っての登場。初々しいコンビがまるでお雛様のようで、次公演『ルパン三世――王妃の首飾りを追え！』（二〇一五年）のメインテーマに乗って、早霧と夢乃聖夏をはじめとする組子が本格的な着物姿での殺陣も披露し、さすがは和物の雪組。和製『ルパン三世』というのも、また実によく考えられたアイデアで見応えがあった。

トリを務めた花組は、白スーツの蘭乃はな以外は娘役も含めて全員黒のスーツで、白スーツにグラサンの明日海りおを神輿に担ぎ上げての入場。公演中の『エリザベート――愛と死の輪舞《ロンド》』（二〇一四年）の雰囲気に合わせて全員が黒天使ばりのダンスをこなし、花組の伝統を感じさせた。明日海のどこかアンニュイな雰囲気もこの趣向に合っていて、王子様降臨といった趣。『エリザベート』のナンバーはおそらく著作権の問題で使えなかったのだろうが、望海風斗が全員を先導するなど、その意図するテイストは十分に伝わっていた。

と、もうこの入場行進だけで、エンターテインメントとしては十分に成立していて、前回優勝の月組から優勝トロフィー返還（龍がなかなかトロフィーを返したがらないというちゃめっ気を披露）、各組トップによる聖火（といっても電飾で模したもの）点灯、選手宣誓と美しく流れて、各競技に突入した。

ここからは基本的には誰にもなじみがあるだろう「運動会」の光景が続いていく。舞台上では可憐な容姿で目を引く新進娘役がびっくりするほど俊足だったり、逆にこういうことは得意そうに見えるダンスに秀でた男役が競技をうまくこなせなかったり、それぞれ意外な素顔がのぞくのがこうした催しならではの楽しさにあふれる。「大玉転がし」など抽選で選ばれたファンとスターが協力して取り組む競技もあり、選ばれたファンには何よりの思い出になったことだろう。そんななかで特徴的だったのが、「ダンシング玉入れ」という宝塚ならではの競技。組ごとに運動会には必ずある玉入れをするのだが、笛の合図に合わせて玉入れを中断、ダンシングエリアに移動して、各組が趣向を凝らしたダンスを披露。このダンスも得点対象になるという凝った競技だった。各組のダンスがそれぞれにとても面白かったが、柚希と夢咲ねねのトップコンビが延々とリフトで回り続けた星組の根性と、開脚した三人を頭の上まで上げた宙組の、いうならば「リフト組」がわけても目立っていて、ダンス部門で高得点を叩き出したのも納得だった。ここまでが前半で、中間発表は一位星組、二位宙組、三位月組、四位花組、五位雪組という並びになった（専科は得点対象外）。

ハーフタイムの応援合戦は、専科が迫力の太鼓パフォーマンス。花組がこれも伝統の花組ポーズを取り入れてピンクの学ランの明日海を筆頭に三三七拍子。月組が龍の指揮のもと、ルートヴィヒ・ヴァン・ベートーヴェンの「第九」の替え歌コーラス。あくまで和物の雪組は早霧を中心にソーラン節で龍踊り。柚希、紅ゆずる以下、全員黒の学ランの星組はアカペラで「我が宝塚」。凰稀だけ白の学ラン、メイン格の男役が黒の学ラン、以下、トレーナーの宙組はかけ声にだけ注力しての進行と、それぞれの特徴がよく表れていた。

後半戦は、あまりの勢いに見ていてどこか怖くさえあった椅子取りゲーム（花組娘役の活躍が目立った）、トップコンビと各組二番手格の男役での、障害物競争に宝塚作品のクイズ要素も取り入れた「ドン・ガン・ジャン・ジャン・ヒーローズ！」（トップ娘役のポジションで走った専科の華形が娘役に扮している凝りよう）、「綱引き」、そしてこれぞ運動会の華「組対抗リレー」と、各組総力上げての競技が続いた。

なかでは綱引きのトーナメント方式の説明がなされなかったことやアクシデントもあって、花組の不運がどうにも気の毒に映っただけに、司会進行のOG真琴つばさの絶妙のフォローに感嘆した。あらためてクレバーな人だと感じさせ、彼女の起用は大成功。リポーターのOG陽月華と蒼乃夕妃も的確な仕事ぶりだった。

総体にまとめれば、花は「ほんわか」、月は「やんちゃ」、雪は「はっちゃけ」、星は「ガチンコ」、宙は「端正」とそれぞれ組を率いるトップスターの個性が、ちゃんと組の個性になっていることが如実に見えてくるのが面白かった。なかでも全競技に勝ちにいく迫力が際立っていた星組の優勝は、終わってみればむしろ当然の趣。柚希のMVP受賞にも文句のつけようがない勝利だった。得点の大きな組対抗リレーで圧倒的な強さを見せた月組が二位に食い込み、龍を筆頭に優勝したかのような大喜びぶりもほほ笑ましい。常にいい位置にいた三位の宙組は懸命に頑張りながらも、あくまでもタカラジェンヌの枠をはみ出ない凰稀の雰囲気そのままに実に鷹揚。逆に、ここまで振り切れる人だったのか！と驚くほど全力で組子を鼓舞して四位雪組を率いた早霧の奮闘ぶりが、いい意味で予想を裏切って目を引いた。前述したように不運があり、また明らかに表彰に手違いもあったと思われる五位花組は、落胆している明日海を組子全員が励ますように円陣を組んだのが印象的。ピンクの学ランが着こなせるトップならではの、これもまた麗しい光景だった。

最後に、轟が宝塚百周年記念の大イベントの閉会を宣言。会場全体で「すみれの花咲く頃」を歌って、三時間に及ぶ熱戦は幕を閉じた。それにしても、考えてみれば『大運動会』自体が十年に一度しかなく、さらにそれが宝塚百周年の機会なのだから、会場を埋めた観客を含めて、得点に関係なくここに集うことができたすべての人が優勝者といっても過言ではないと思う。それほど、誰もが童心に帰って大騒ぎができる、熱く、たくましく、朗らかなイベントだった。

さて、次の運動会にはいったい誰が各組を率いていることだろうか。そのときにも宝塚も自分も元気でまたこの場に集えたらいい。そんな感慨さえもが浮かぶ、華やかでにぎやかな一夜だった。

公演情報

宝塚歌劇百周年記念『大運動会』
大会委員長：小林公一
監修：谷 正純
構成・演出：中村一徳／齋藤吉正

大阪城ホール〔2014年10月7日〕

『ベルサイユのばら45――45年の軌跡、そして未来へ』レポート

宝塚歌劇団の代表作『ベルサイユのばら』が一九七四年の初演から四十五年を迎えたことを、作品ゆかりの宝塚OGたちが集って祝う祭典『ベルサイユのばら45――45年の軌跡、そして未来へ』が上演された。

『ベルサイユのばら』はフランス大革命の嵐のなか断頭台の露と消えた王妃マリー・アントワネット、その恋人でスウェーデン貴族のハンス・アクセル・フォン・フェルゼン伯爵など実在の人物に、女性でありながら王家を守護する軍人になるべく、男の子として育てられた男装の麗人オスカル・フランソワ・ド・ジャルジェ、その乳兄弟アンドレ・グランディエら、創作の人物を絡めて描かれた池田理代子の大人気少女マンガを、宝塚歌劇団が初めて舞台化した作品。原作の名場面を大胆に取り込んだ脚本・演出の植田紳爾の、歌舞伎世界にも通じる手法が功を奏し、のちに「マリー・アントワネット編」と呼ばれた一九七四年月組での初演は瞬く間に大評判に。続く七五年に花組、雪

組で連続上演された『ベルサイユのばら――アンドレとオスカル』でその人気は不動のものになり、宝塚歌劇といえば誰でもが『ベルばら』を連想するといわれるほどの、メガヒット作品に成長していく。そのあとも節目節目で演じるスターに合わせて『ベルサイユのばら――フェルゼン編』(一九九〇年初演)、『外伝 ベルサイユのばら――アンドレ編』(花組、二〇〇九年)、『ベルサイユのばら――オスカル編』(宙組、二〇一四年)など少しずつ変容を続けながら、「今宵一夜」「バスティーユ」「牢獄~断頭台」など、「『ベルサイユのばら』〇〇の場」といいたい形での名場面が受け継がれ、この作品をテレビで見たのが入団のきっかけという次代のスターを次々と生み出しながら、いまも宝塚歌劇の金字塔として輝き続けている。

そんな作品の初演から四十五年を祝うスペシャルステージの、二十七日の開幕を控えた二十六日にメディア向けの公開ゲネプロがおこなわれ、公演替わりの華やかなスターたちを擁する舞台が全容を現した。

ステージはおなじみの「ごらんなさい、ごらんなさい、ベルサイユのばら」という開幕の歌からスタート。宝塚歌劇の現役生として専科から特別出演の華形ひかるとOGの緒月遠麻を中心にしたプロローグのあと、一九七四年の月組初演に出演している宝塚歌劇団の数少ない現役生である、やはり専科から特別出演の汝鳥伶の紹介による歌とトークのコーナーへ。『ベルサイユのばら』に関わった数多くのスターたちが公演替わりで出演する趣向のステージだけに、厳密にいって同じ内容の回は一つもないというスペシャル感が満載のなか、初代マリー・アントワネットの初風諄がすべてはこの人の歌から始まった「青きドナウの岸辺」を変わらぬ歌声で披露。二代目オスカルの安奈淳が「愛の巡礼」、三代目オスカルの汀夏子が「ばらベルサイユ」、初代オスカルにして二代目アンドレでもある榛名由梨が「心の人オスカル」と名曲を歌い継いでいく。七〇年代のスターたちは、やはりひときわ個性的でそれぞれの歌が味わい深い。

作者の植田紳爾が加わって初演時の思い出のトークに。大人気マンガの世界を人が演じるという、現在は「二・五次元」と呼ばれている世界観を知る由もなかった四十五年も前のプレッシャーと、かつらなどのクオリティーも当然ながら現代とは比べようもなかった時代に、多くの人に愛されているキャラクターを美しく舞台に乗せるために払った有形無形の努力を語り、伝説の誕生を感じさせる。なかでも『ベルサイユのばら』の輝かしい歴史に連なり、いまは帰らぬ人になった初代アンドレの麻生薫、二代目マリー・アントワネットの上原まり、四代目オスカルの順みつき、そして忘れがたいダンサートップスターで、俗に「踊るフェルゼン編」とも呼ばれるほどに美しいフォルムのフェルゼンを創出した大浦みずきがいてくれたら、この公演の第二幕で披露するフィナーレナンバーの再現を見事に踊ってくれただろう、でもきっとみんなここにきて見ていてくれるにちがいないという言葉には、涙を禁じえなかった。

続くソングコーナーは、平成の『ベルサイユのばら』の出演者たちがそろい、麻路さきの「白ばらのひと」、一路真輝の「愛の巡礼」、杜けあきの「心の白薔薇」、紫苑ゆうの「結ばれぬ愛」、日向薫の「ばらのスーベニール」を披露した。これも公演替わりで登場人数も歌われる曲も変わっていくが、例えばこの日の一路真輝の「愛の巡礼」のように組み合わせによっては同じ曲が登場することもあるからこそ、歌い手によってまったく別の曲に聞こえるという興趣が感じられた。それぞれが宝塚の一時代を背負ってきたスターだけに、一曲一曲にその人がもつ世界観が瞬時に立ち上るさまが圧巻だ。

ここまでのキャストメンバーで「愛あればこそ」の大合唱のあとは、いよいよ本格的な扮装による舞台の名場面がダイジェストでつづられる。第一幕のダイジェストは「オスカル&アンドレ編」。近衛隊からフランス衛兵隊に転属したオスカルが、衛兵隊士たちと衝突しながら心を通わせていく場面、ベルナールを中心にした革命の炎の高まりを描くナンバー、橋上でのアンドレの最期、そして「バスティーユ」と想像以上に本格的なダイジェスト上演だ。初日のキャスト稔幸オスカルと水夏希アンドレ、朝海ひかるオスカルと湖月わたるアンドレの二組が場面をつないでいく。誰もが扮装をしてまったく違和感がないばかりか、それぞれの歌唱力が現役時代よりも格段にアップしているのが、場面の感動をさらに深める。全公演に出演する華形ひかるのベルナール、緒月遠麻のアランらが固めるなか、こういうダイジェスト上演、しかもメンバーが公演替わりでというレアな形態に堪えるのが、『ベルサイユのばら』の宝塚歌舞伎ともいえる名場面自体がもつ力だなと感じられた。

休憩を挟んだ第二幕は、「フェルゼンとアントワネット編」の名場面ダイジェストで開幕。アントワネットを糾弾する民衆たち、そのアントワネット救出に向かうフェルゼンの「駆けろペガサスの如く」、そして名場面中の名場面「牢獄〜断頭台」へと続いていく。初日のフェルゼン和央ようか、アントワネット白羽ゆりの組み合わせが新鮮でありながら相性がよく、歌うように語られる台詞の数々が美しい。汝鳥伶メルシー伯爵の登場も、直近の宝塚歌劇での上演バージョンと歴代スターたちをつなぐ役割を果たしてくれる。

悲しみの断頭台が光り輝くフィナーレの大階段に変貌する、これぞ宝塚歌劇の『ベルばら』セオリーが、ここでも見事に踏襲されているフィナーレナンバーもこれまた名場面ぞろい。「小雨降る径」「薔薇のタンゴ」「ボレロ」の再現が、どんな悲劇もフィナーレを見ているうちに心躍らせて劇場をあとにできるという、宝塚マジックを知らしめる。ここもすべて公演替わりの出演で、どの組み合わせを選ぶかは悩ましいばかり。この日はフィナーレを歌う紳士Sとして登場した水夏希が、どこか空恐ろしいほどシャープなカッコよさを示したほか、「小雨降る径」の湖月と朝海、「薔薇のタンゴ」の稔、「ボレロ」の和央と朝海が、振り付け陣のスタッフワークの見事さにも思いを至す踊りっぷりで魅了したほか、ビッグサプライズで汀夏子も登場。熱く濃い「炎の妖精」と呼ばれたスターの健在ぶりを示してくれた。最後は全員が登場してのパレードで、本番の熱気はいかばかりかと思わせるステージの幕が下りた。

こうして『ベルサイユのばら45』に接してあらためて思うのは、『ベルサイユのばら』という作品がもつ不思議な力だ。初演から四十五年。もちろんいまの時代のミュージカルとはまったく違う概念で編まれている作品だし、独特の様式美は宝塚歌劇の世界のなかでも古典に属するものになっている。古いと感じる人もいるだろう。それでもこのいい意味で臆面もないきらびやかさ、二千五百人の大劇場のてっぺんから裸眼で見ても理解できる大向こうに訴える非現実が、宝塚歌劇という世界の根本にある大切なものをそのまま示しているのは変わらない。ここにさえ来れば三時間だけどんなにつらい現実も忘れることができるという、徹底的に作り込んだ夢の世界への飛翔を『ベルサイユのばら』は担い続けてきた。揺らがないこの信念があるかぎり、この作品は不死鳥で、こうしてお祝いの宴に歴史を作ったスターたちが参集することを可能にしている。公演替わりのスターたちが演じる四十五年分の回顧にして、新たな歴史の始まり。そんな作品の未来を映す、スペシャルなステージをぜひ多くの人に体感してほしい。

公演情報

『ベルサイユのばら45
――45年の軌跡、そして未来へ』
監修：植田紳爾
構成・演出：谷 正純
音楽監督：吉田優子

東京国際フォーラムホールC
［2019年1−2月］／
梅田芸術劇場メインホール
［19年2月］

第2部 OGの躍動、舞台の輝き

宝塚歌劇で初演された作品が外部で上演されることが増え、特に海外ミュージカルなどは「宝塚で初演→一般舞台で上演」の流れが一つのシステムのようにさえなりつつあり、演劇界が大きく動いているのを感じます。そのなかで「躍動するOGたち」では、ジャンルレス化が進んでいる演劇界で、作品の架け橋の役割を担っている宝塚OGの活躍を取り上げます。「私を突き動かす舞台作品——番外篇として」では、高みの見物で好き勝手をいっている、と受け取られたとしても仕方がない公演レビュー を書くという行為に対して、「多くの人にこの作品を知ってもらいたい！」というただ純粋な衝動を与えてくれた、書くことにはほんのわずかでも意義があると信じさせてくれた作品を集めています。

フレンチロックに乗せた自由・平等・博愛への切なる願い

――『1789――バスティーユの恋人たち』

ミュージカル『1789――バスティーユの恋人たち』は、『太陽王――ル・ロワ・ソレイユ』(二〇〇五年初演)、『ロックオペラ モーツァルト』(二〇〇九年初演)などの話題作を次々と世に送り出してきたプロデューサー、ドーヴ・アチアとアルベール・コーエンの手で二〇一二年にフランスで開幕した、フランス人がフランス革命を描いたミュージカル。たちまちにして大評判を呼ぶメガヒット作品になり、日本では一五年に小池修一郎潤色・演出によって宝塚歌劇団月組で初演。さらに、一六年男女版としての上演になった帝国劇場での東宝版初演も、鮮烈な音楽と演出、魅力的なキャスト陣の好演が熱狂を生み、開幕するや否やチケットが全日程ソールドアウトするという伝説的な舞台になった。

今回はそんな作品が二年ぶりに帰ってきた待望の再演で、主人公ロナン・マズリエの小池徹平と加藤和樹のダブルキャストをはじめとした多くの続投キャストに加え、新キャストとして、フランス王妃マリー・アントワネットに宝塚版『1789』でロナンを演じた龍真咲、革命家ロベスピエールに三浦涼介、革命を阻止するべく奔走する財務大臣ネッケルに磯部勉、アントワネットの取り巻きの貴婦人ポリニャック夫人に渚あきなどを加えて、さらにパワーアップした舞台を展開している。

STORY

貧困にあえぐ民衆をよそに、王族・貴族といったごく一部の特権階級がぜいたくに溺れる十八世紀末のフランス。ボース地方では干ばつが続き、税金を払うことができなかった農民たちが、ペイロール（岡幸二郎）がもたらした国王の名のもとの命によって、土地を没収されたうえ投獄されようとしていた。その場に駆け付けた農夫ロナン・マズリエ（小池徹平と加藤和樹のダブルキャスト）は、連行されかかる父親を助けようとするが、ペイロールの指示で放たれた銃弾はロナンをかばった父親に命中し、父は言葉もなく息絶えてしまう。父を殺され、土地も奪われたロナンは復讐を誓ってパリに向かい、残された妹のソレーヌ（ソニン）も兄のあとを追って故郷を去る。

だがパリでも民衆はパンもなく飢えに苦しみ、助けを求めていた。そんなパリ市民を前に、いまこそ救いの手を待つのではなく、革命を起こし世の中を変えるべきだと訴える代議士のロベスピエール（三浦涼介）、弁護士のデムーラン（渡辺大輔）と出会ったロナンは、初めは反発していた彼らが語る「すべての人民は自由であり平等であるべきだ。革命によってそんな世界を手に入れよう」という理想の世界に目を開かれ、彼らの紹介で印刷工として働きながら、革命がもたらす未来に希望を抱くようになる。

一方、ベルサイユ宮殿では王妃マリー・アントワネット（凰稀かなめと龍真咲のダブルキャスト）が夜を徹してギャンブルに興じる仮装舞踏会が盛大に開かれていた。政略結婚でオーストリアから嫁ぎ、国王ルイ十六世（増澤ノゾム）との間に三人の子どもをもうけたアントワネットだったが、錠前作りを趣味にする内気な王の誠実さだけでは生きている実感を覚えることができず、スウェーデンの貴族フェルゼン（広瀬友祐）との愛に溺れていた。しかも二人の関係はもはや公然の秘密になっていて、ひそかに王位簒奪を狙う王弟アルトワ（吉野圭吾）は、手先にしている秘密警察のラマール（坂元健児）とその部下トゥルヌマン（岡田亮輔）、ロワゼル（加藤潤一）に、王妃のスキャンダルの確たる証拠をつかんでこいと命じ、革命を阻止すべく財政立て直しに奔走する財務長官ネッケル（磯部勉）の進言にも王が耳を貸さないよう画策していた。そんなラマールの動きを察知していたアントワネットの取り巻きの貴族ポリニャック夫人（渚あき）は、王太子ルイ・ジョセフの養育係オランプ（神田沙也加と夢咲ねねのダブルキャスト）に案内役を命じ、アントワネットとフェルゼンの密会を、大胆にも革命家や娼婦のたまり場になっているパレ・ロワイヤルで果たそうと図る。

そのパレ・ロワイヤルでは、ロナンがデムーランの「人民に自由を！」と訴えた論文をひそかにビラとして印刷し、デムーラン、彼の婚約者のリュシル（則松亜海）、仲間の革命家ダントン（上原理生）らとさらに友情の輪を広げていたが、ダントンから「商売女だが本気で惚れている」と紹介された女性を見て愕然とする。それは娼婦になっていた妹のソレーヌだった。「革命による未来なんて絵空事で、理想だけでは生きていけない」と言い放つソレーヌ。妹の境遇を変えたのは彼女を故郷に一人置き去りにした自分だとの後悔の念に駆られたロナンは、さらにアントワネットとフェルゼンの密会現場に遭遇し、やり場がない怒りからフェルゼンと争いになったばかりか、アントワネットを守るためにオランプがついた苦し紛れの嘘のためにラマールに捕らわれ、「人民に自由を！」というビラを持っていたことを理由に、危険思想の政治犯としてバスティーユ監獄に送られてしまう。

ロナンを監獄で待ち受けていたのは父の敵ペイロールだった。「革命家をきどってるのはブルジョワの子息たちで、彼らは貴族に嫉妬しているだけだ。お前たち貧しい農民のことなど考えてはいない」。激しい拷問のなかでペイロールに投げつけられた言葉に、ロナンの心は乱れる。だが、そんなロナンを命懸けで助け出しにきたのは、なんとロナンを窮地に落としたはずのオランプで……。

一七八九年という年がフランスにとって、ひいては世界にとってどれほど重要な意味をもつかは計り知れない。そこには生まれながらにして階級による差別を受け、あらゆる不正や不平等が渦巻く社会をただ諦観し嘆くのではなく、そんな世界を根底から覆そうとして闘い、自由と平等を人民一人ひとりが勝ち取った輝かしい瞬間が存在しているのだ。もちろん「自由、平等、博愛」を目指したフランス革命が、のちにたどった苦難の道程もまた、歴史の事実が厳然と示してはいる。この作品のなかで、革命の理想を高らかにうたった「革命の兄弟」たちは、やがて対立し、決裂し、粛清の嵐のなかで友の手によって次々に断頭台へと送られ、また送った側もクーデターによって同じく断頭台の露と消えていく。繰り返される革命と独裁。事はフランスだけではなく、世界中でこの

不幸な輪廻は終わりを見せようとはしない。人民主権を定めた民主主義をもってしても、それを遂行する人民の民度の高さに見合った社会しか形成することができないのは、否定しようがない悲しい現実だ。「愛と平和に満ちた輝く世界」は、人類にとってあまりにも遠い彼方にかすんでいる。

けれどもだからこそ、理想の世界を信じることを決して諦めてはならない、一つひとつの命が、理想を信じる心が明日の歴史を作るのだ、と歌い上げる終幕のナンバー「悲しみの報い」に至るこの作品『１７８９』が訴える思いの深さ、尊さに胸が震えるのを止められない。理想を諦めない勇気を忘れないかぎり、希望はきっとついえはしない。その「希望」をこの作品は舞台上に鮮やかに描き出してくれる。

何よりもすばらしいのは、その理想と希望を追い求める舞台が、完璧なエンターテインメントのなかで繰り広げられることだ。フレンチロックで奏でられる、あらゆるテイストが詰まった魅力的でキャッチーな音楽。ミュージカルの舞台としては、きわめて革新的なそのデジタルサウンドに乗せた、迫力あるダンスシーン。いい意味でのけれん味にあふれた豪華な衣装とセット。さらに、激動の世界で燃え上がる恋人たちのロマン。育まれる友情と渦巻く人間模様。それらが作り出す醍醐味に身を委ねていれば、決して何も難しく考えなくても、立場を異にしていたすべての登場人物が等しく列をなす終幕に、人が人としてもつべき理想と尊厳が心に深く満ちてくる。この見事さ、美しさは何物にも代えがたい。

群像劇である『１７８９』が、あらゆるジャンルから集まったいくつかの世代の男女で演じられることにより親和性があったのも一助になったし、「革命の兄弟」「武器をとれ」など秀逸な佳曲が加えられたこの東宝版の舞台が帝国劇場に、ミュージカル界に革命を起こし、熱狂を巻き起こしたあの二年前の上演が、決して偶発的なものではなかったことをこの再演の舞台は証明してみせている。そればかりか、潤色・演出の小池修一郎以下、優れたスタッフとキャストが二年間に蓄えた力と新たな力による化学反応がもたらしたものには、より深く大きな輝きがあった。

そんな作品で主人公ロナンを演じた小池徹平は、これまでのキャリアでも舞台芸術への意欲的な取り組みを見せていた人だが、この主演舞台を経てさらに多くの優れた作品への登場機会が増し、その経験がワイルドな力強さになって表れている。どちらかといえば上背があるほうではなく、男性に使う褒め言葉ではないかもしれないが、それでもキュートと表現したくなるような整った顔立ちに精悍さが加わり、舞台のセンターを務める姿が飛躍的に大きくなったことに感嘆した。歌唱力にもますます磨きがかかっていて、ミュージカルスターとしても頼もしい存在になっている。

一方の加藤和樹も、帝国劇場初主演だったこの作品以降、やはり数々の大作に出演してきたことである意味の力みがほぐれ、どこか朴訥としたロナンを造形したのが印象的だった。それによってロナンのピュアな面が強調され、オランプとの恋に落ちるさまにロマンチックな香りが強くなっているのも発見で、そう単純ではないものの、初演の小池と加藤がもっていた雰囲気が、互いに逆転したような面白さが生まれている。やはり歌唱力も格段に向上していて、見応えがある。

ロナンと恋に落ちるオランプは、神田沙也加が勝ち気で気丈な女性としての表現をストレートに届けていながら決して強すぎる印象にならないのは、彼女がもつ天性の愛らしさとの絶妙なあんばいゆえだろう。菊田一夫演劇賞を受賞した『キューティ・ブロンド』(二〇一七年初演)をはじめ、この二年間も、そして今後も『マイ・フェア・レディ』（二〇一八年）など大きな舞台の仕事が続くが、その重用に得心がいくヒロインぶりで、さらなる飛躍を楽しみにしている。

もう一人のオランプ夢咲ねねは、王太子の養育係という己の役割に誇りをもった、毅然とした女性の雰囲気が前に出るようになったのが新鮮。宝塚で培ったドレスさばきや美しい立ち居振る舞いはそのままに、恋する乙女というよりは恋する女性と呼びたい雰囲気が立ち上ったのは、宝塚独特の娘役芝居が彼女のなかでいい意味で消化されたからだろう。女優としての進化を感じさせるオランプの造形が美しい。

王妃マリー・アントワネットの凰稀かなめは、フェルゼンへの恋に心を占められている初登場時点から、王太子を失い、革命の嵐の前で、妻として、母として、何よりフランス王妃としての自覚に目覚めていく過程が、鮮やかに浮かび上がる芝居面の深化が顕著。ギロチンが落ちる未来を暗示するシーンで、毅然と振り返り舞台奥へと歩み去っていく位取りの高さは、さすがに大舞台でトップスターを務めた人ならでは。歌唱面が充実するとさらに役幅が広がるだろう。期待したい。

一方、初登場のアントワネット龍真咲は、宝塚退団後シンガーとしての活動に軸足を置いていた経験が生きて、高音の楽曲も安定しているのが強み。芝居面でのアントワネットの変化は緩やかだが、基本的にソフィア・コッポラが描いたアントワネット像（『マリー・アントワネット』二〇〇五年）に近く、プログラムで役柄の解釈を「時代を象徴したお人形」と語っていた役作りの方向性がよく出ていた。宝塚版ロナンのオリジナルキャストの彼女が、アントワネットをこう解釈したのも面白い。

ロナン、オランプ、そしてアントワネット。それぞれのダブルキャストが非常に個性的で、見比べる妙味も大きく、さらに何を重視するかで組み合わせを選べる楽しみもあり、『1789』をリピートしたくなる大きな要因の一つになっている。

革命家ロベスピエールに新たに扮した三浦涼介は、第一幕の初登場時には常に志を同じくする人々とともにある、という柔らかな雰囲気をまとっているところから、事態が進むにつれてエキセントリックさが加わっていくさまが、この人物がのちに独裁者になり、恐怖政治の時代をフランスに招くことの片鱗を感じさせて目を引く。適度にシャウトが交ざる歌い方がソロを取るナンバー「誰の為に踊らされているのか?」にベストマッチしたのも大きな効果になっていて、大任を見事に果たしている。劇中ロベスピエールにだけ特定の恋人との描写がなく、初演時には恋人たちの叫びを歌った「サ・イラ・モナムール」でだけ突然アンサンブルの女性とペアになるのにかなりの唐突感があったが、今回は台詞こそないものの、恋人との細かい描写が加えられていて、三浦が優しい瞳を投げかけるさまにも革命家たちといるときとは別の魅力があり、いい改変になった。

ダントンの上原理生は、登場しただけで舞台に明るさをもたらす豪放磊落な人物像が、本人がもつ熱い個性とよく合っていて伸びやか。それでいて革命家としての信念には揺るぎないものがある男の造形がしっかりしていて、意外にも完全なソロナンバーがなく、革命家としての登場も遅いことを忘れさせるほどの存在感が、さらに骨太になっている。人情に厚く娼婦であるソレーヌを本気で愛する、職業や立場になんら頓着せず人間を愛する魅力的な男である上原のダントンがいることが、革命家にも革命思想そのものにも厚みを与えていて、作品の重要なピースになっている。

デムーランの渡辺大輔は、まず何よりも他者の目線に立ち、相手の気持ちをおもんぱかろうとするデムーランの心根の優しさが、温かい笑顔にこぼれ出るのが魅力。さらに、初演時は豊かな声量に任せている面があった歌唱力に長足の進歩があり、非常に安定したのが大収穫。こうなるともともとの声質のよさもがぜん生きてきて、東宝版で加えられた革命が最後の一線を越える重要なナンバー「武器をとれ」のソロが高らかに響き渡り、再演版全体の質を高めたといえるほど大きな力になっていた。二年間でこれだけの進歩を示してくれていることがうれしく、今後への期待がふくらんだ。

ロナンの妹ソレーヌのソニンは、「夜のプリンセス」「世界を我が手に」というビッグナンバーをもつ役柄を、渾身の演技と歌唱力で支えている。ソレーヌの出番はポイント、ポイントで非常に飛んでいて、しかも出てくるたびに本人が置かれている境遇や心境が変わっているという大変難しい役柄だが、そんなソレーヌを一人の女性として筋を通したのはソニンの存在感のたまもの。この役柄こそダブルキャストが望ましいのでは？と思うほどのパワーを必要とするが、では誰がと考えるとソニンしか思い浮かばないのは、中川晃教に通じるものがある。ソニンというジャンルとも呼べる存在が、『1789』大成功に寄与したものの大きさをあらためて感じさせていた。

アントワネットの恋人フェルゼンの広瀬友祐は、この再演の舞台に接して「フェルゼンってこんなに出番が少なかったか？」と思わせられたことに、まず大きな感動を覚えた。初演時にはよくぞこれだけ美しく軍服が似合う日本人の俳優がいたものだ、という事実に感動したことを思い出すと、この二年間で役者広瀬友祐が培い、高めてきた実力と存在感に感服する。恋に一途な姿に切なさがあり、歌唱力も格段の進歩を示していて、この貴族の青年にアントワネットが恋に落ちることを、至極当然だと納得できる美丈夫ぶりだった。

彼らと対峙する人物にミュージカル界の大物がそろっているのもこの座組の大きな魅力で、ドラマのすべての始まりを作るペイロールの岡幸二郎は、あのどこまでも伸びていく美しい歌声を完全に封印した、ほとんどダミ声に近い歌い出しで驚かされる冒頭のソロ「マズリエの逮捕」からパワー全開。実はロナンの敵ばかりでなく、民衆の完全な敵として立ちふさがっているのはペイロール一人という、負担が大きな役柄を憎々しい大きさで描ききっていて、この人もまた余人をもって代えがたい存在。「本気だぜ」という歌詞が突然出てくるのが本来なら違和感があっていいはずのところを、パワフルな歌唱でねじ伏せたばかりか、なお、立ち居振る舞いが優雅なのが貴族としての誇りも感じさせる。喉は大丈夫なのかと案じるほどだが、終幕一節だけ美しい声も聞かせ、作品を底支えする力は絶大だった。

王位簒奪を狙う王弟アルトワの吉野圭吾の妖しさが群を抜いていて、ブルボンの血を引くものは神と同じだ、と、すべての者を見下しているさまにどこか狂信的な香りがある。それが鼻持ちならない王族ではなく、得体が知れない狂気紙一重の人物像を的確に示していて、催眠術や媚薬、果てはマジックまで披露する役柄に、コケティッシュな軽やかさも加えたのは吉野ならでは。作品の大きなアクセントとして、さらに磨きがかかっている。

アルトワに仕える秘密警察のラマールの坂元健児は、初演時よりもコメディーリリーフ的な色合いをやや薄めていて、鋭さもありながら、作品が求める適度に抜けている感とのバランスが絶妙になった。この人もソロナンバーがほとんどないのがいかにももったいない歌唱力の持ち主だが、それだけに彼が加わったコーラスの厚みは絶品。部下トゥルヌマンの岡田亮輔、ロワゼルの加藤潤一とのコンビネーションも相変わらず快調だ。

また、ルイ十六世の増澤ノゾムは誠実で情け深いために、讒言に惑わされて選択を誤っていく王の不幸の表現により深みが増し「私は国民を愛している」という言葉が、決して嘘ではなかったことを感じさせる。財務長官ネッケルで初登場の磯部勉が、耳に痛いことをあえて言う忠臣の悲劇を滋味深く描き出して、王族側から見れば世界が崩れていく哀れさをよく示している。もう一人の初参加、ポリニャック夫人の渚あきは、アントワネットに面と向かったときと背を向けたときの表情の変化が巧みで、我が身が危ないと悟った刹那、王妃を捨て去ることに何のためらいもない利に敏い女性を、決して品位を落とさずに表現して再演にいっそうの花を添えていた。また、デムーランの恋人リュシルの則松亜海は、クレジットの扱いよりも実は相当に出番が多い重要な役どころを、初演よりもはるかに大人びた、自らも革命思想をもった女性として描き出すことに成功している。踊りのキレも見事で、女優として着実にステップアップを重ねているのが見て取れた。オランプの父デュ・ピュジェ中尉の松澤重雄は、娘を無条件に信じる父親の懐の大きさを巧みに表現して、終幕に至る重要な人物としての印象をきちんと作品に残している。もうひと役、貴族でありながら平民議員として三部会に臨むミラボー伯爵も演じているが、こちらの造形にはちゃんとあざとさがあるのも面白く、ダンス場面にも果敢に加わって気を吐いた。

ほかに、長丁場の公演ゆえか、パリの下町の娘シャルロットを演じる子役勢に東京公演時点ではややや幼さが感じられるが、少女の成長は驚くばかりなので、これは公演を重ねるごとにこなれてくるだろう。また、半数が入れ替わったアンサンブルの面々の熱演もすばらしく、ダンスシーンもシャープに整理され、特に二階席から見るとフォーメーションや照明の効果が絶妙なことが如実にわかり、非常にエキサイティング。機会があればぜひ二階からの観劇もお勧めしたいが、何よりも作品がもつ圧倒的なパワーが、優れたキャストとスタッフの手で余すところなく表現された感動は大きく、この人類の「希望」を描いた尊い作品が、帝国劇場の、東宝の長いレパートリーになってくれることを願ってやまない舞台になっている。

公演情報

『1789
――バスティーユの恋人たち』
潤色・演出：小池修一郎

帝国劇場〔2018年4−5月〕／
新歌舞伎座〔18年6月〕／
博多座〔18年7月〕

珠玉のミュージカルナンバーが描く究極の愛

――『ロミオ&ジュリエット』

ウィリアム・シェイクスピアの不朽の名作を題材に、どれをとっても心に響くジェラール・プレスギュルヴィックの名曲の数々を配したフレンチミュージカルとして二〇〇一年に生まれたミュージカル『ロミオ&ジュリエット』。世界中で喝采を浴びてきたこの作品は、一〇年の宝塚歌劇星組での本邦初演以来、小池修一郎の潤色・演出のもと、さまざまな形態での上演を重ねてきた。今回一九年の上演は、一七年に登場した「破壊された近未来を思わせる世界のなかで繰り広げられる『ロミオ&ジュリエット』」という日本オリジナルバージョン新演出版の再演で、ロミオ役に古川雄大と大野拓朗、ジュリエット役に生田絵梨花と木下晴香の続投キャストに新キャストの葵わかなを加えるなど、新たな顔ぶれも多く加わっての上演になった。

基本的にコンセプトは今回も、シェイクスピアの『ロミオとジュリエット』（一五九五年）の永遠性が現代から近未来に舞台を移しても成立するという潤色・演出の小池の信念を貫いたものになっていて、より華やかさを感じさせる色彩が加わってはいるものの、大枠の設定は二〇一七年版と変わらない。登場人物たちはスマートフォンを手にし、ロレンス神父はパソコンを操りアロマテラピーの研究をしていて、「LINE」の一斉送信に「既読スルー」とため息をつく若者たちによって、ロミオとジュリエットが秘密裏に挙げたはずの結婚式は写真に収められ瞬く間に街中に拡散されていく。

そうした作品の舞台を現代から近未来に移すという作業は、小池が日本オリジナルバージョンを作った二〇一一年から、現代のツールならではのマイナーチェンジはあるものの大枠としては変わっていない部分でもあって、宝塚歌劇団での上演バージョン以外の日本の『ロミオ&ジュリエット』は、こういう世界観のなかで運ばれるものだというのはもう揺るがないのだろう。愛が死に勝利するためにはあまりにも大きな犠牲が必要で、この地上に争いがない場所を作り出せていない人類にとって、この重いテーマは確かに中世イタリアでも現代でも悲しいかな通用してしまうものだからだ。

ただ、やはりそういうテーマ以前に、物語を現代にもってきたからこその軋みもあって、十八歳になるまでは携帯電話をもつことを禁じられているというジュリエットの設定は、二〇一九年のいまではほぼ崩壊してしまっているし、ロレンス神父がここまで重大な話を一通のメールですませ、その返信がないにもかかわらず行動を起こさないために(百歩譲ってメールに返信がない時点で電話をかけるはずで、そうしてさえいればロミオが携帯電話を失っている可能性に少なくとも気づける)、神父があまりにもうっかり者に見えてしまうことには、何か別の手段を考える時期なように思う。また現代だとわかって見ているにもかかわらず、「パーキングからエレベーターに」などの台詞を聞くといちいちドキッとするのは、やはりどこかで作品がもつロマンと現代の設定とに開きがあるからなのだろうなとも思う。

だが、そうした舞台を現代に移したために起こるなにがしかの軋みが、いつしかどうでもいいことにも思われ、この作品にふれているだけで、客席に座っているだけで幸せだと思えるのは、プレスギュルヴィックが書いた数々のミュージカルナンバーの神業としか思えない美しさと、その音楽のなかで舞台を生きる役者たちの熱量の高さがもたらすライブならではの充足感が、この作品の隅々にまであふれているからこそだ。さまざまなキャストの組み合わせにも独特の妙味があり、幕が下りてきた途端に壮絶なチケット難のなかでも次の観劇を真剣に考えている、作品がもつ甘美な中毒性には底知れないものがある。

その魅力を支えるキャストたちは、二〇一三年からロミオを演じている古川雄大が、『モーツァルト!』(二〇一八年)のタイトルロールをはじめ、ミュージカル作品の中心をなす数々の経験を積み重ねてなお、このロミオ役が不釣り合いにならない貴公子として舞台に位置しているのに驚かされる。特に「僕は怖い」での死のダンサーとのほの昏いデュエットダンスに特段の魅力があり、ロミオがほかの若者たちとは異なる感性をもっていることをストレートに感じさせる。この作品のあと『エリザベート』(二〇一九年)で、今度は自らが「死」＝トートを演じることが決まっているが、役柄との親和性が図らずもこのロミオ役で浮き彫りになったのが新たな興趣を生むロミオ像だった。

もう一人のロミオの大野拓朗は、この作品に初めて接した日から八年間、一日も欠かさずに『ロミオ&ジュリエット』のミュージカルナンバーを勉強し続けてきたという、その思いの深さが温かで真摯な好青年としての、大野ならではのロミオ像に結実している。もともと器用なタイプでは決してないのだろうと思うが、だからこそ彼が重ねてきた努力がロミオ役を輝かせていることに胸が熱くなるし、二〇一七年時からも確実な進化が見て取れて、作品と大野との幸福な邂逅が見ている者も幸福にしてくれる、甘く優しいロミオになった。

対するジュリエットは、やはり生田絵梨花の完璧な恋する乙女ぶりとその愛らしさに目を奪われる。生田もまたこの期間に『モーツァルト!』のコンスタンツェ、『ナターシャ・ピエール・アンド・ザ・グレート・コメット・オブ・1812』(二〇一九年)のナターシャと大役を務め続け、ミュージカル界のプリンセスとしての地位を確立しているが、それでもなお完璧な乙女であり続けるのが、「アイドル」としての一つの記号ももつ生田の強み。『レ・ミゼラブル』(二〇一九年)のコゼット役が控えることから出演回数が少なく、残る出演は大阪公演の初日だけという希少さだが、歌声にも長足の進歩を感じる見事なジュリエットだった。

このジュリエット役でミュージカル界に彗星のようにデビューした木下晴香は、この二年間の蓄積で演技面に長足の進歩があり、もともと歌のうまさは折り紙付きだった人だけに堂々のヒロインぶり。生の若さを必要とするジュリエット役は必然的に演じられる期間が短いだけに、急速に花開いている木下を見るにつけ、大人になるのはもう少し待って!というわがままな気持ちも浮かんだ。貴重な機会を大切に目に残したい。

もう一人、今回初登場のジュリエット葵わかなはこれが初舞台。いかにもフレッシュな体当たりの演じぶりで、歌唱も初々しさを残しながらよく健闘していて、これもまたいましか見られないジュリエット。思った以上に小柄なことも、ジュリエットの一直線に突き進む若さに通じていて、長身の古川・大野両ロミオとの身長差も、守ってあげたいヒロイン感を増幅していた。

また、重要な役柄の若者たちも、今回新たな顔ぶれが多いダブルキャストが組まれていて、それぞれによって役の色合いが違って見えてくることが面白い。

その筆頭、ベンヴォーリオの三浦涼介が強い印象を残して目を引く。本来の持ち味はマーキューシオ寄りではないかと思わせたものだが、三浦のベンヴォーリオにはロミオに最も近い親友だという空気が満ちていて、ロミオを思うあまりに悲劇の引き金を引くことになってしまう役柄の立ち位置が明白になった。さらにヴェローナ大公の裁きの場で、ここまで自分がロミオを守る！という強い意志を噴出させたベンヴォーリオは初めてで、三浦の繊細な個性と相まって見応えたっぷり。大曲「どうやって伝えよう」も表情豊かに歌いきり、終幕のロミオの亡骸に別れを告げるさまと、両家を結び合わせていく行動に胸が痛くなる、三浦が演じたからこそ生まれ出たベンヴォーリオ像になった。

一方、木村達成のベンヴォーリオには若者らしい闊達さと誠実さがあって、作中一人だけ生き残る役柄、つまり、両家が互いに滅亡するまで相争うきっかけを作るために、「死」によって生き永らえさせられる人物として選ばれたとも取れるベンヴォーリオに実体感がある。「どうやって伝えよう」にも、生き残った者の苦悩が表れていて、他動的に青春と別れを告げさせられた人物としての、悲しい成長が感じられた。

すべての歯車を狂わせていくマーキューシオは、続投の平間壮一に、ロミオとの友情だけでモンタギュー側にくみしているマーキューシオが抱える孤独が先鋭的な行動を取らせる要因になっていることが見て取れて、やはりこの期間に役をより深めてきたことを示している。対する初参加の黒羽麻璃央からは、あえて道化的な役割を演じているマーキューシオの屈折がよく表れていて、役柄にふさわしい狂気の片鱗も面白く、名ダンサーでもある平間と同じ役を演じていてなお、俊敏な動きを見せたのは大健闘だった。

また、このフレンチミュージカル独自の解釈で、いとこのジュリエットをひそかに愛しているという設定が加味され、より大きな役柄に描かれているティボルトは、二人ともに続投キャストが配された。その一人渡辺大輔が、キャピュレットの継承者である誇りとジュリエットへの報われない愛への葛藤を荒々しさも込めて力強く表現しているのに対して、廣瀬友祐が見ているだけで痛々しくなるほど内に秘めた悲しみを表出して、二人の異なる個性さながらに異なるティボルト像がより明確に立ち上っている。これもまた実にぜいたくなダブルキャストで、組み合わせにこだわるとどうしていいかわからないほど、見比べる妙味が多い二人だった。

そして、東京・愛知公演を通してシングルキャストで「死」を演じた大貫勇輔の、大作ミュージカルでの大役経験の数々がもたらした表現力が、「無表情の表情」とも呼びたい「死」の造形に生きていて、格段の進歩に目を見張った。大阪公演にだけ登場する宮尾俊太郎の、バレエダンサーならではの、登場するだけで場の空気を変える存在感が加わったときに両者がどう見えてくるか、これは大阪に駆け付けないわけにはいかないという期待感を高めた。

そんなダブルキャストの面々を受けて立つ大人たちは、今回さらにぜいたくな顔ぶれが集まった。なかでもキャピュレット夫人として初登場した春野寿美礼の美しさと毒気の表出は、元宝塚歌劇団のトップスターが演じてきた歴代キャピュレット夫人のなかでも突出していて、ティボルトと夫人の関係がむしろもっともに思えるほど。娘への嫉妬が入り交じった感情にも、愛がない結婚に苦しむ夫人の懊悩が感じられる出色の出来だった。

もう一人の宝塚出身者の秋園美緒が、持ち前の歌唱力で大ナンバーの高音部を見事に支えただけでなく、多分に過保護な傾向があるモンタギュー夫人の振る舞いを温かく見せているのも印象的。実力派がこうした大役を着実に持ち役にしているのがうれしい。

また、乳母に再び扮したシルビア・グラブは、音域の広いナンバーをファルセットで歌う部分が格段に少なくなり、よりパワフルな歌いぶりが際立つ。ジュリエットを思うあまり態度を豹変させる乳母の言動に不自然さを感じさせず、常にジュリエットを思うからこそ、そのときにいちばんいいと思う発言をしているだけだという説得力を乳母役にもたせたのは、特筆に値する。

一方、ロレンス神父には、ヴェローナ大公を演じていた岸祐二が役を替えて扮した。前述したように舞台が現代になっているがために、このロレンス神父のうっかりぶりにはどうにも難しいものがにじむが、岸の実直な神父像がある種の不器用さにつながって見えて一つの方向性を示している。終幕、神を呪うかのように切々と歌う姿に哀切があり、愛の勝利とともに神父の魂も救われることを願わずにはいられない姿だった。

キャピュレット卿を続投した岡幸二郎は、『1789——バスティーユの恋人たち』(二〇一八年）のペイロールで聞かせた、あの豊かな美声の岡の声だろうか？と驚かされたほどの野太い声も巧みに使い込んだ歌唱法と、自在な役作りで役柄により深い陰影を与えている。大ナンバーの「娘よ」も切々と訴える表現力が増していて、ミュージカル界の若い人材たちの目標としての役割を果たしている。

さらに、姜暢雄が従来コメディーリリーフ的な色合いが強かったパリスを、家柄を鼻にかけた究極のきざな男として造形したのも新鮮だったし、ソロナンバーがないモンタギュー卿にミュージカル界の貴重な人材である宮川浩が扮したのも実にぜいたく。ぜいたくといえばキャスティングに驚かされたのがヴェローナ大公で登場した石井一孝で、フランス版ではこの街に君臨する「王」であることがくっきりと強調されていたこの役柄にふさわしい存在感を発揮。それでいて、どこかに温かさもあるのが石井ならではで、これはロミオにかける温情にストレートにつながる味わいになった。大公登場とともに照明で作られる白い道や、ソロで残る演出になった「ヴェローナ」も印象深く聞かせ、実に効果の大きな起用だった。

何より誰もが知っているロミオとジュリエットの物語の結末が、「死」の勝利でなく、「死」の敗北＝「愛」の勝利に変換される瞬間の鮮やかさはやはりいつまでも目に残り、大阪公演中の四月十二日に上演回数二百回を達成する、記念の公演にふさわしい輝きをもった舞台になっている。

公演情報

ミュージカル
『ロミオ＆ジュリエット』
原作：
ウィリアム・シェイクスピア
作：
ジェラール・プレスギュルヴィック
潤色・演出：
小池修一郎

東京国際フォーラムホールC
〔2019年2–3月〕／
刈谷市総合文化センター
〔19年3月〕／
梅田芸術劇場メインホール
〔19年3–4月〕

早霧せいな剣心再び見参！
──『るろうに剣心』

浪漫活劇『るろうに剣心』は、シリーズ累計六千万部という想像を絶する人気を誇る和月伸宏の大河マンガ『るろうに剣心──明治剣客浪漫譚』（全二十八巻〔ジャンプ・コミックス〕、集英社、一九九四─九九年）を原作に、小池修一郎が宝塚バージョンとして初舞台化を果たした作品。すでにテレビアニメ化（フジテレビ系、一九九六─九八年）、実写映画化（監督：大友啓史、二〇一二年）と多彩なメディアミックスが繰り広げられていたが、生身の人間が客席と一体になる劇場空間で人気キャラクターを演じる醍醐味が、宝塚ファン・原作ファンだけでなく、さらに大きなうねりを巻き起こし、早霧せいなの緋村剣心をはじめとした雪組スターたちの見事なキャラクター再現率と、宝塚版だけに新登場した加納惣三郎が繰り広げる浪漫活劇として、熱狂を呼ぶ舞台になった。

そんな作品が、新たに男女が演じる一般公演としてよみがえる、しかも宝塚歌劇団を卒業して表現者としての一歩を踏み出していた早霧せいなが、男優たちも集う舞台で男性役である緋村剣心を再び演じるという、驚きと興奮に満ちた企画は発表されるや否や大きな注目を集め、和の殿堂新橋演舞場に新しい風を吹かせている。

STORY

動乱の幕末に伝説の人斬り抜刀斎として恐れられ、明治維新後は「不殺」を誓い、あてのない旅を続ける流浪人緋村剣心（早霧せいな）。剣心はある日、東京に「神谷活心流・緋村抜刀斎」を名乗る辻斬りが横行していることを知り、流儀を汚されたとして、抜刀斎を追う神谷活心流の師範代神谷薫（上白石萌歌）に出会う。ともに名をかたられた二人は協力して事を収め、それをきっかけに剣心は神谷道場に居候をすることに。そこで、さまざまな思いを抱えながら新時代を生き抜く人々とふれあい、仲間を得て、また薫の存在にもわれ知らず心の傷を癒やされていく剣心。だが、そんな出会いのなかに、かつて幕末の京都で対峙した因縁の相手である、元新撰組隊士の加納惣三郎（松岡充）がいたことから、事態は大きく動き始め……。

女性が舞台で「男役」として理想の男性像を描き、この世にはいない夢の具現化であるその「男役」に客席から夢を仮託する。宝塚歌劇の世界は本来そんな、舞台と客席がある種の共犯関係になっているからこそ成立する幻想空間として、百四年もの歴史を紡いできた。だから宝塚歌劇団という夢の園を去るときには、スターたちは男役ではなくなり、そのスターがそのあと芸能活動をするしないにかかわらず、男役として演じた理想の男性たちは記憶のなかだけにとどめられる幻になる。それが長きにわたって当然のことと考えられてきた、ある意味での約束事だった。

もちろん、せっかく長い年月をかけて築き上げてきた男役芸が、宝塚歌劇団を離れた刹那、無に帰ることを惜しむ声もあったし、実際に劇団での当たり役に外部の舞台でもう一度挑んだスターがいなかったわけではない。けれどもそれらの多くは宝塚OGが集っての公演やごく小規模の公演に限られ、演劇界がそうした公演を見つめる眼差しも、決して温かいものだけではなかったのが現実だ。

だが、早霧せいなが再び、宝塚歌劇団の男役トップスター時代に演じた緋村剣心を新橋演舞場と大阪松竹座で演じるという、この浪漫活劇『るろうに剣心』の企画には、そうしたこれまでの試みをはるかに超えた興行としてのスケールがあった。誰もが驚いた企画ではあったが、そこに宝塚を退団していながらまた男性を演じるの?といったシニカルな目線が注がれることがさほど多くなかったのは、ある意味さらに大きな驚きといえた。

実際、それほど時代は変わっていたのだ。一つには宝塚歌劇団が百周年の祝祭を超え、もはや日本の伝統芸能、一つのコンテンツとして認められていたこと。もう一つには、世に「二・五次元」と呼ばれる舞台が隆盛を極め、男役もかくやとばかりの汗くささがない美しい男子があふれかえり、男優と男役の差異を日に日に縮めていたこと。これらが、こうした新たな挑戦を「キワモノ」としてではなく、きちんとした作品として提示できる土壌を生んでいた。そのことをハッキリ証明したのがこの舞台の最も大きな功績で、それほど早霧せいなの緋村剣心には、激動の時代に翻弄され価値観のすべてが覆された一人の人間が、そのために到達した「不殺の誓い」を胸に己の信念に従って生きていく姿が決して重くならず飄々と表現されていた。もちろん剣心というキャラクターそのものに「小柄」という設定があったことや、作品自体にマンガ原作物ならではのファンタジー性があったことなど、このチャレンジを後押ししたさまざまな要素が嚙み合っての舞台であることも確かだが、あくまでも男優・女優というくくりを超えて一人の俳優が演じる緋村剣心がそこにいる、しかもより進化して舞台に生きているという感覚が芽生えたのは、新しい可能性の扉を開いたものにほかならなかった。

さらに基本的には宝塚バージョンに準拠した展開のなかで、こちらは男優陣が演じるからこそのパワーとスピード感を増した殺陣が、場面も増えて尺も長くなって大きな迫力を生む力になっているし、舞台機構を縦横無尽に使うことにかけては他の追随を許さない小池修一郎の演出が、新橋演舞場の花道や思いもかけない空間の使い方などを駆使した舞台には、高揚感が満ちている。

そのなかで、激動の時代に受けた傷に固執していわば時代への復讐を果たすという妄執に取り付かれている、つまり剣心の対照として描かれる小池版『るろうに剣心』オリジナルキャラクターの加納惣三郎に扮した松岡充が、禍々しさを内に秘めた存在感で役柄を効果的に見せている。特に冒頭に登場する新撰組隊士時代の扮装が非常によく似合っていて、これは予想外の喜びだった。

神谷薫の上白石萌歌は、やはり剣心が早霧なだけに宝塚版薫役の咲妃みゆの面影が強く残るなかで、はつらつとした薫像をきちんと見せていて、湿度が高くないカラッとした明るさが上白石の薫の魅力をふりまき、こちらも上々の仕上がりを見せている。

さらに、日本の男優がこんなにもそろいにそろって美しくなったからこそ、こうした企画が成立するのだなとつくづく思わせる男優たちでは、斎藤一の廣瀬友祐が難しい髪形も楽々とこなし、幕府に殉じて散ることができなかった新撰組隊士の数少ない生き残りとして、世の中をさめた目で見ながら、己の哲学にのっとって生きている男を巧みに表現している。同じく闘いで華々しく果てることができなかった御庭番衆四乃森蒼紫の三浦涼介は、本人自体に非現実感がある独特の個性で、蒼紫のその名のとおり蒼く静かに燃えている胸の炎を見事に体現している。もう一役の桂小五郎での出番も充実しているし、何より『1789――バスティーユの恋人たち』(二〇一八年)を経て歌唱力が一段と伸びていることを感じさせて頼もしい。「あっ!」と声を上げること間違いなしの、蒼紫の登場シーンにもぜひ注目してほしい。悪役であるだけでなく人間的に小物でもあるという、二枚目俳優が演じるには難しい役柄の武田観柳の上山竜治が、思い切りがいい突き抜けたキャラクター造形を見せたのも役者魂を感じさせるし、相楽左之助の植原卓也は、この役柄にはやや繊細な二枚目すぎるかと思わせた持ち味を、闊達さを前面に出した演技で役柄に近づけた見事さが目を引く。緋村抜刀斎(剣心の影)の松岡広大の身体能力の高さから繰り出される、鮮やかな殺陣の数々にも見惚れるばかり。明神弥彦を本物の少年が演じるのも外部版ならではの見どころで、加藤憲史郎、大河原爽介、川口調が少年が張る意地をけなげに見せている。

また、早霧だけでなく宝塚OGが大活躍しているのもこの舞台の話題で、高荷恵に扮した愛原実花が、基本的に妖しくミステリアスな役柄のなかに芯の強さと純粋なものを秘めて、確かな芝居心を披露している。宝塚時代から定評がある歌唱力を随所で発揮した朱音太夫の彩花まり、キュートな魅力が全開の田村芽実とともに、コンビのような形で愛らしさをふりまいた五條まりなも活躍。なかでも、出番が第一幕終盤の山県友子を演じた月影瞳が、アンサンブルメンバーに交じって非常に意外性がある役柄を大胆に演じているのに、上山同様、役者魂を感じさせた。

ほかに、ミュージカル界のベテラン宮川浩をはじめ、遠山裕介や松井工が脇をガッチリと固め、宝塚で初演された海外ミュージカルだけでなく、宝塚歌劇団のオリジナル作品が、外部作品としても通用することを示したものとして、早霧せいなを擁したこの新たな『るろうに剣心』は記憶に残るにちがいない舞台になっている。

公演情報

浪漫活劇『るろうに剣心』
原作著作：和月伸宏
『るろうに剣心――明治剣客浪漫譚』
（集英社）
脚本・演出：小池修一郎

新橋演舞場〔2018年10–11月〕
／大阪松竹座〔18年11月〕

シアタークリエへの見事な凱旋で輝く
――『レベッカ』

ミュージカル『レベッカ』は、二十世紀前半から活躍した小説家ダフネ・デュ・モーリアが一九三八年に発表した長篇小説『レベッカ』を、『エリザベート』『モーツァルト!』『マリー・アントワネット』『レディ・ベス』などの大ヒットミュージカルを生み出したミヒャエル・クンツェ&シルヴェスター・リーヴァイのゴールデンコンビがミュージカル化した作品。サスペンス映画の巨匠アルフレッド・ヒッチコックによる映画版がことのほか有名だった作品を、全編歌でつづるミュージカルとしてサスペンスフルに、さらにロマンの香りも高く作り上げた舞台は二〇〇六年のウィーン初演以来、大好評を博した。そんな作品を世界で二番目の上演国として発信したのが〇八年に開場したシアタークリエで、その後の十年間に海外の新作のいち早い上演や埋もれていた幻の作品に光を当てるなどのさまざまなチャレンジを続け、演劇界に大きな足跡を残してきたこの劇場の歩みを象徴する記念碑的作品が、満を持して十周年記念ファイナル公演として帰ってきた。

STORY

天涯孤独の身の上で、アメリカ人富豪ヴァン・ホッパー夫人（森公美子）の世話係を務める「わたし」（大塚千弘・平野綾・桜井玲香のトリプルキャスト）は、モンテカルロのホテルで、イギリスのコーンウォールに大邸宅と広大な土地〝マンダレイ〟を所有する上流紳士マキシム（山口祐一郎）に出会う。先妻レベッカの事故死の影を引きずるマキシムは、忘れていた心の安らぎを与えてくれた「わたし」を見初め、「結婚してほしい」とプロポーズする。身分も階級も異なるマキシムに引かれる心を押し隠してきた「わたし」も、愛を信じてマキシムのプロポーズを受け入れるが、ヴァン・ホッパー夫人はマキシムの先妻レベッカはイギリスでも評判のレディであり「わたし」にマンダレイの女主人が務まるはずがないと警告する。はたして、ハネムーンも終わりマンダレイに着いた二人を出迎える召使たちのなかには、レベッカに幼少時から仕えて彼女亡きいまも家政婦頭として屋敷を取り仕切るダンヴァース夫人（涼風真世と保坂知寿のダブルキャスト）がいて、レベッカが生きていたときと何一つ変わらないままに屋敷を維持していた。ダンヴァース夫人の威圧的な態度に気圧されながら、マンダレイの管理をするマキシムの友フランク（石川禅）、マキシムの姉ベアトリス（出雲綾）、その夫ジャイルズ（KENTARO）に温かく迎え入れられた「わたし」は懸命にマキシムのよき妻になろうとするが、マキシムに隠れて屋敷に出入りするレベッカのいとこファヴェル（吉野圭吾）、入り江のボートハウスで出会ったベン（tekkan）などの言動からも、屋敷の至るところ、さらに人々の心のなかにもレベッカの存在が色濃く残ることを意識せずにはいられなかった。やがてそんないまはいないはずのレベッカによって、二人の結婚生活にも次第に影が差していき……。

ゴシック・ロマンとして名高い『レベッカ』は、やはりなんといっても「サスペンス映画の神様」とも称されたアルフレッド・ヒッチコックの手による映画版が著名で、特にダンヴァース夫人を演じたジュディス・アンダーソンの怪演とも呼びたい強烈な演技が強い印象を残している。ヒロインに名前がなく、見る者が「わたし」を通して物語に入っていく道筋がつけられていることもあって、ヒロインがマンダレイで追い詰められていくサスペンス感が強烈で、端的にいって夜一人で鑑賞するのは恐ろしいと思える世界観が広がっている。

そこからすると、このミュージカル版はグッと情緒的で、ロマンチックな色合いが濃い。それには恐怖感を与える以上に、個々の人間心理に深く踏み入ったミヒャエル・クンツェの脚本・作詞とともに、複雑でありながら耳に残る美しいメロディーを数多く書いたシルヴェスター・リーヴァイの音楽の力が大きく寄与している。冒頭に歌われる「夢に見るマンダレイ」が特にその効果を発揮していて、レベッカというあまりにも強大な影に「わたし」が愛の力で対峙していく物語の、ロマンの香りを強く際立たせている。作品中最も有名な楽曲と言って間違いないだろう、ダンヴァース夫人のナンバー「レベッカ」が繰り返し歌われることによるサブリミナル効果や、マキシムの懊悩を描く「神よなぜ」「凍り付く微笑み」などのビッグナンバーと、ベアトリスとジャイルズの「親愛なる親戚!」、ヴァン・ホッパー夫人の「アメリカン・ウーマン」など、軽やかでリズミカルなナンバーが共存することで物語の色彩が格段に豊かになった。このミュージカルならではの醍醐味は、アンサンブルメンバーが歌う数々の楽曲の面白さにもあふれていて、山田和也の演出が出演者一人ひとりの個性を丁寧にすくい取っているのも目に耳に楽しい。何よりサスペンスフルな物語展開の緊迫感にシアタークリエの濃密な空間がピッタリで、クリエ発ミュージカルのスタートを切った作品が、栄えある十周年記念の掉尾を飾ったことの意義をあらためて知らしめていた。

そんな作品を彩る出演者の多くが初演以来の持ち役を深めているのもやはりこの企画の重みを感じさせるし、新たなメンバーが吹かせる風もまたさらなる見どころを生んでいるなかで、マキシム・ド・ウィンターを演じる山口祐一郎が、変わらずに作品の芯を担っている安定感には大きなものがある。スラリとした長身と甘いマスク、どこまでも伸びる歌声で、唯一無二というほどミュージカル界にとって貴重な存在である山口が、経験と年輪を重ねてなおこのマキシム役が無理なく演じられるだけでなく、役柄の苦悩や揺れ動く心情をよりリアルに表出する深みを加えた姿は圧巻。今回「わたし」役にトリプルキャストが組まれたことで、それぞれに対する山口のマキシムの表情が異なってくるのも、なんとも魅力的だった。

そのトリプルキャストの「わたし」は、日本版オリジナルキャストの大塚千弘が、帝国劇場再演バージョンから八年の時を経て同じ役柄を演じて、みずみずしさを失わずに感情のひだをより深めているのが頼もしい。観客が彼女の目線で物語を見る「わたし」というヒロインのあり方に、当然でもあるだろうがやはり一日の長があり、緩急の豊かな歌唱力がマキシムやダンヴァース夫人との掛け合いのナンバーに際立った。

一方、平野綾は「わたし」役こそ初役だが、近年ミュージカル界で次々に大役に挑んできた経験値が生きて力強い。制作発表や囲み取材で見せるむしろおっとりしたたたずまいが、舞台に立つと燃えるようなパッショネイトに変換する平野綾という表現者の魅力がそのまま「わたし」にも投影されていて、愛ゆえに強さを兼ね備えていく「わたし」の変化に見応えがあった。

この二人に並んで、翻訳ミュージカル初挑戦の桜井玲香が「わたし」を演じるプレッシャーには果てしもないものがあっただろうが、それだけに役柄に体当たりする桜井の懸命さが新たな人生に飛び込んだ「わたし」の心許なさと、怯え戸惑いながらも姿なきレベッカとの戦いに挑んでいくさまにストレートにつながったのが予想以上の効果を生んでいる。可憐な容姿も加わって無条件に応援したくなる「わたし」像はこの作品の本質を突いていて、発展途上の歌唱も美しい声質に伸びしろを感じさせた。経験を重ね花開いている同じ乃木坂46の生田絵梨花に続く、ミュージカル界での今後の活躍にも期待したい。

そしてこの作品全体の色を決めていると言って間違いない存在であるダンヴァース夫人は、再演バージョンに続いての出演となる涼風真世が、亡きレベッカがそのまま憑依したかのような威厳と位取りの高さを示せば、初役の保坂知寿がレベッカへの狂信的な崇拝を緻密に表現して興味深い。片や元宝塚歌劇団のトップスター、片や元劇団四季のヒロイン女優と、日本のミュージカル界に欠かせないカンパニーを出自にもつ二人が、やはりそれぞれの生まれ育った場所を想起させる表現で役柄にアプローチしているのが何よりの興趣を生んでいた。

ほかに初演からの続投キャストでは、マンダレイの管理を任されているフランクの石川禅が、この年月でより役柄にふさわしい味わいを身にまとっているのが大きな効果を生んでいる。近年アクが強い役柄でもヒットが多い人だが、やはり本来の持ち味がひたすらに誠実なフランク役に合っていて、「わたし」を励ます「誠実さと信頼」の持ちナンバーが滋味深く耳に残った。レベッカのいとこファヴェルの吉野圭吾は、逆にアクの強い役柄をどんなに色濃く演じても、徹底的に下品にはならない魅力が生きている。このミュージカル全体の色彩にも、吉野のファヴェルのさじ加減は絶妙でいいアクセントになっていた。非常に難しい役柄であるベンの動物的な判断を純粋に見せるtekkan、マキシムの義兄ジャイルズを軽妙洒脱に演じるKENTAROも味わい深い。

また、初役の面々では、ジュリアン大佐の今拓哉が、マキシムへの友情と冷静な裁判官であろうとする職業倫理のはざまで揺れ動く心情を巧みに表現しているし、マキシムの姉ベアトリスの出雲綾の、宝塚時代から定評ある歌唱力とともに温かみがある声質そのものが、マキシムと「わたし」の絶対的な味方である役柄をよく生かしている。さらにヴァン・ホッパー夫人の森公美子が、この女性の世話係はどれほど大変だろうかと冒頭「わたし」に観客が肩入れするに十分な居丈高さを表してなお、どこかで憎めないものを残すのが森ならでは。これによってヴァン・ホッパー夫人の警告が、単に「わたし」への嫉妬から出たものではなく、作品にとって重要なひと言になることに、説得力を与えていた。

ほかに前述したように、アンサンブルの面々の働き場もきわめて多く、館の召使たち、イギリスの上流階級の人々、群衆へと早変わりしていくさまも鮮やかで、コーラスの魅力も満載。シアタークリエ十周年の掉尾であり、新たな十年への出発でもある作品を輝かせる力になっていた。あらためて、折にふれて上演を重ねてほしい作品だと感じさせたミュージカル『レベッカ』が、日本版誕生の舞台に見事な凱旋を果たしたことを喜びたい。

公演情報

ミュージカル『レベッカ』
脚本／歌詞：
ミヒャエル・クンツェ
音楽／編曲：
シルヴェスター・リーヴァイ
原作：ダフネ・デュ・モーリア
演出：山田和也

シアタークリエ〔2019年1−2月〕

濃密な家族の愛の物語

――『ビッグ・フィッシュ』

『ビッグ・フィッシュ』は巨匠ティム・バートンが二〇〇三年に手掛けた同名映画の舞台化として二〇一三年に誕生し、その後ブロードウェイでも上演された傑作ミュージカル。一七年、白井晃の演出で本邦初演され、スペクタクルな表現もふんだんに盛り込みながら、いい意味でのアナログ感も残す生の舞台の醍醐味と、親から子へと伝わる夢を信じることの大切さが大きな感動を呼び起こし、一七年の演劇界の成果として刻まれる作品になった。

そんな傑作ミュージカルの待望ひさしい再演の舞台が、「12chairs version」と銘打たれ十二人のキャストですべてが演じられる、より凝縮された舞台としてシアタークリエの舞台で新たな幕を開けた。

エドワード・ブルーム（川平慈英）は、自らの体験談と称して、現実にはありえないほど大げさな物語を息子のウィル（浦井健治）に長年語って聞かせていた。

自分がいつどうやって死ぬのかを、幼なじみのドン・プライス（藤井隆）やザッキー・プライス（東山光明）と一緒に魔女（JKim）から聞いた話。洞窟のなかに隠れ潜んでいた巨人カール（深水元基）と友情を育み、ともに故郷を旅立った話。霧のなかで出会った人魚（小林由佳）の話。サーカスで、最愛の女性であり、のちの妻になるサンドラ（霧矢大夢）に出会い、団長のエーモス（ROLLY）から長年かけて彼女の居場所を聞き出した話。それは釣り上げた魚が話すたびに大きな「ビッグ・フィッシュに」なっていくような、壮大な夢物語だった。

幼いころのウィル（佐田照と佐藤誠悟のダブルキャスト）は父のそんな奇想天外な話が好きだったが、大人になるにつれてそれが作り話にしか思えなくなり、いつしか父親の話を素直に聞けなくなっていた。しかもある出来事をきっかけに、親子の溝は決定的なものになってしまう。

だがそんなある日、母サンドラからエドワードが病で倒れたと知らせが入って、ウィルは身重の妻ジョセフィーン（夢咲ねね）とともに両親の家に帰る。

病床でも相変わらずかつての冒険談を語るエドワード。本当の父の姿を知りたいと葛藤するウィルは、ジョセフィーンの助言でエドワードが語り聞かせてきたさまざまなバリエーションをもつ物語を整理していくうちに、ある登記簿に不審を抱く。事の真相を問いただすウィルだったが、頑として説明しようとしないエドワードと激しい口論になってしまう。サンドラとジョセフィーンが父と息子の間のわだかまりに心を痛めるなか、ウィルは登記簿の住所を頼りにジェニー・ヒル（鈴木

―蘭々）という女性に会いにいくが……。

キャストが椅子に座っているシルエットから舞台は始まる。この新たな『ビッグ・フィッシュ』が、「12chairs version」という名のとおり、十二個の椅子に座っている人々によって演じられることが冒頭で巧みに提示されるなか、客席から浦井健治演じるウィルが登場。彼が語る父親の話が幕を開けていく。つまりこれがウィルの視点で進められる物語であり、ウィルの目線＝観客の目線であることがストンと胸に落ちてくる。流れるような滑り出しに、舞台へと一気に引き込まれた。

ここからエドワード・ブルームという男性の話が始まる。彼が自らの体験談として語る「物語」は、確かににわかには真実なのかが疑わしいものが多い。森で魔女に出会い、洞窟で巨人に出会い、泳ぎは人魚に教わり、運命の定めた愛する人のもとへ大砲で飛ばされて飛んでいく。幼少時代ならともかく、思春期に差しかかった息子が、父親が語る物語をただの「ほら吹き」だとシニカルになっていくのも無理はない。

けれどもエドワードが語る物語は、それこそ釣り損なった魚の大きさが、話すごとに十センチずつ大きくなっていくような、おそらく誰にでも経験があるだろう、ちょっと話を盛ってしまうという類いのものとは実は違うことが舞台が進むにつれてわかってくる。心に夢をもち、ヒーローになりたい！と願ったエドワードは、自らの運命の人である女性サンドラと恋に落ちて、家庭をもち、息子ウィルをもうけた。彼はその最愛の家族のために日常を懸命に生きていく。当然ながら、普通の生活はそんなにカッコいいものばかりではない。信念も曲げれば、下げたくない頭も下げただろう。ヒーローにはほど遠いそれらすべては、守るべき愛する家族のためだ。けれどもだからこそ彼は心に夢を持ち続け、夢の物語のなかでヒーローになることを忘れず、その尊さを息子に伝えようとする。しかも理解されなくても、さらにはまったく真実とは異なる誤解を受けても彼は信念を曲げない。その姿があまりにも切なく胸を打つ。現実を生きている誰でもが、生活のなかから逸脱せずになお、心のなかではヒーローになることができる。『ビッグ・フィッシュ』から投げかけられるこの理想は、はてしなく優しく温かい。

そんな優しさと愛に満ちた物語が、十二人のメインキャストだけで演じられることでより芝居としての深みを増して、シアタークリエに新たなやすらぎの空間と醍醐味を生み出していた。自分の役柄だけを全幕で通すのはエドワードを演じる川平慈英ただ一人で、浦井健治も、霧矢大夢も、夢咲ねねも、さまざまな役柄で登場する。えっ?、あそこに?、あ、ここにも?、という山ほどの発見があって、キャストたちが次から次へと登場する演劇ならではの楽しさが心を弾ませてくれる。藤井隆やROLLYといった超個性派たちまでもが何役も早変わりで登場し、登場するだけで笑いだしてしまうことさえあって、メインのストーリーをしっかり見る日、誰がどこにいるかを「○○を探せ!」で見る日と、何度もリピートしなくては!という気持ちにもなった。

何よりもこのみんなで演じるといういい意味でのアナログ感が、映像をふんだんに使いながらも、舞台一面に咲く黄色の水仙をきちんと実体として作り込んでくる、この作品の真摯なぬくもりにピッタリとマッチしたさまは格別だった。これは、舞台と客席が一体になれるシアタークリエの空間だからこそ生まれた新たな効果にほかならなかった。しかも、初演以来の音楽の魅力も健在なら、変更になった二曲のミュージカルナンバーにも大きな魅力があり、むしろ人間ドラマとしての作品の本質を際立たせている。何よりも大劇場で初演された作品が、約六百席の劇場で再演されていっそうの輝きを放ったことは、演出の白井晃、装置の松井るみをはじめとした優れたスタッフワークと、二年半の時を経てメインキャスト全員が初演と同じ顔触れでそろったという奇跡のカンパニーによってこそ成し遂げられたものだった。

そんなキャストの筆頭が、もちろん主人公エドワード・ブルームを演じる川平慈英。役者としてもタレントとしても長いキャリアと突出した実力・個性をもつ人だが、その長いキャリアがあるからこそ、川平とエドワードとの出会いは、演劇の神様がもたらした大きな計らいのように思える。実際にこんなことがあるんだ……と感嘆するほど、エドワードが川平慈英という役者を生かし、川平慈英という役者がエドワード・ブルーム役を生かした姿には畏敬の念を覚える。歌えて踊れて芝居ができて、しかもサービス精神が旺盛で。まるで川平を想定して当て書きされたかのような、川平が演じるからこその、心にヒーローを持ち続けたエドワードの人生は、初演から変わらず涙なくしては見られないものだった。時空を超えて交錯する物語で、少年時代から晩年までを演じ分ける川平と作品の出会いに感謝したい。

そのエドワードと対立する息子ウィル役に浦井健治がいることも、日本版『ビッグ・フィッシュ』の豊かさの根幹になっている。ウィルが父親に対してもつわだかまりも苛立ちもよくわかるのだが、欧米作品では実に多く描かれている父と子の対立の構図が、日本人の感覚からするとややきつく感じられてしまう部分はどうしてもある。ましてや父親が病を得てからは、そこはちょっと折れてあげても、という思いに至りかねない。だが浦井健治という役者がそもそももっているチャーミングさが、そのかすかな軋みを軽やかに超えて、ウィルに愛しさを湧き起こさせ、そんなウィルにこそエドワードを理解してほしいという気持ちをもたらしてくれる。だからこそエドワードの真実を知ったウィルが、今度は自分の息子に「ヒーローになれ！」と語り継ぐ終幕に広がる熱いものには、何にも勝る大きな感動があった。この効果は川平同様、ウィル役を浦井が演じたからこそのものだ。父親がわからないと歌う「ストレンジャー」、新曲の「二人の間の川」の説得力のある歌いぶりも見事で、さらに今回は、エドワードが幕開けすぐに語る物語のなかで演じる漁師役をはじめ、さまざまな浦井の芝居を見られるのも楽しい。

二人の愛する男性がすれ違うことに心を痛める妻であり母であるサンドラの霧矢大夢は、エドワード同様に少女時代から孫をもつ年代までを、声色から歩き方までを変化させて流れるように演じていく。外国の女性に扮したときに思いっきりキュートな、まるでキャラクターかお人形さんのようになるのは、宝塚歌劇時代からの霧矢の魅力の一つだが、初演から二年半の間に霧矢が培った高いキーの楽曲も自在に歌いこなす力量が加わって、より見応えや聞き応えがあるサンドラを表出している。新曲「彼の中の魔法」が霧矢の個性によく合っているのも大きな力になっていた。

ウィルの妻ジョセフィーンの夢咲ねねは、ジョセフィーンとしての初登場シーンである結婚式のスピーチの第一声から初演よりさらに実存感をもち、自らもキャリアを築いてきた女性像を表現したのに驚かされた。夢咲のなかで宝塚歌劇団のトップ娘役だった人がもつファンタジーと、女優であることのリアルがしっくりとなじんできているのはこれまでにも感じられていたが、特にジョセフィーン役でそれが顕著に現れ、血のつながらない家族だからこそ一歩引いて冷静に、しかも温かく夫や義理の両親を見守るジョセフィーンを表す効果になっている。また、霧矢も夢咲も今回はダンス力がより重用されていて、あっと驚く出番もあり、ぜひ細かく注目してほしい。

エドワードの幼なじみのドン・プライスの藤井隆は、エドワードにライバル心を燃やし自分をイケてると信じている役柄をカリカチュアさせて見せながら、根っこのところでいやみにならない演技力と個性が生きている。これがあるから故郷がたどる運命のなかでの彼の態度にしみじみとさせられるし、ドン役以外にもエドワードの主治医など重要な役柄を受け持ち、熱量を巧みに変える演技力が光った。

エドワードとサンドラが運命の出会いを果たすサーカスの団長エーモスのROLLYは、この人だからこそできる、この人にしかできない個性で、相当にちゃっかりした団長をなお愛嬌と哀愁をもって表出することに今回も成功している。何しろこれ以上ない個性派だから、アンサンブルのなかに入ってもひときわ目を引くが、それが決して浮いてこない、いわゆる悪目立ちにならない押し引きの絶妙さに感心した。

エドワードの学生時代のガールフレンド、ジェニー・ヒルの鈴木蘭々は、その若いころのはつらつとした愛らしさはそのままに、年齢を経てからの表現力が初演から確実に大きく進化していて、目を見張った。作品にとって非常に重要なパートなだけに、演技者としての鈴木がより深みを増したジェニーを造形したことが、再演版全体の質をさらに高めている。

エドワードが迎える最後を予言する魔女のJKimは、迫力の魔女だった初演よりもいい意味でのうさんくささが増していて、この人は本当に魔女なのかな？感がちゃんと伝わるのが、のちのちの展開に生きている。さまざまな役柄も個性豊かに演じ分けていて、魔女をめぐる真実が混沌とする新たな妙味を生んでいた。

洞窟のなかに隠れ潜んでいた巨人カールの深水元基は、体も大きく頭もいいというカールを緻密に構築している。外見のイメージだけで他者から恐れられていた人物を広い世界へと連れ出す、エドワードの誰に対しても先入観にとらわれず公平であるという姿勢が、カールとのエピソードによって表れたのも、深水の制約が大きいはずの巨人の演技の滑らかさと、温かい心根の表現によるところが大だった。

ドンの弟ザッキー・プライスの東山光明は、「なんでもお兄ちゃんの言うとおり」の役柄のやんちゃな情けなさをほほ笑ましく演じて目を引く。一転アンサンブルのさまざまな役柄では、颯爽としたダンス力、豊かな歌唱力で魅了して、鮮やかな切り替えが楽しめた。

エドワードが出会った人魚の小林由佳は、まさにファンタジー世界の住人である人魚の姿が実によく似合って美しい。高い身体能力を生かしたダンスも健在で、さまざまなバリエーションが楽しめる今回のバージョンでさらにその活躍ぶりが際立った。

そして、非常にしどころが多いヤング・ウィルは佐藤誠悟の回を見たが、歌やダンスも達者にこなしただけでなく、ちょっと生意気盛りの頭でっかちというヤング・ウィルの大切な要素を的確にはつらつと表現している。個性の異なる佐田照が、どんなヤング・ウィルを見せてくれるかも楽しみだ。

総じて、夢をもつことの大切さ、誰かを愛することは何よりも自分を愛せることだという、心に深く染み渡る愛の物語が、シアタークリエの空間に満ちる、確実に温かなものを受け取れる珠玉の作品になっている。

公演情報

ミュージカル
『ビッグ・フィッシュ』
脚本：ジョン・オーガスト
音楽・詞：アンドリュー・リッパ
演出：白井晃

シアタークリエ〔2019年11月〕／
刈谷市総合文化センターアイリス
〔19年12月〕／
兵庫県立芸術文化センター
阪急中ホール〔19年12月〕

重厚な文芸作品ときらめきのレビューで輝くトップスター朝夏まなとの集大成

——宝塚宙組公演『神々の土地』『クラシカル ビジュー』

番外篇として三作品を収められる紙幅があるということで、迷いに迷ったなかからの一作品目が、宝塚歌劇の「各組三作品」のルールからどうしてもはずさざるをえなかった宙組公演です。自分で細部まで記憶してしまったほど何かに取り付かれるように書いたレビューで、それはすなわち作品が心揺さぶるものだったからにほかなりません。

宝塚歌劇団宙組を二年半にわたって牽引してきたトップスター朝夏まなとの退団公演『神々の土地』は、ロシア革命前夜のロマノフ王朝で、ロシア最後の皇帝ニコライ二世のいとこドミトリー・パブロヴィチ・ロマノフを主人公に、作・演出の上田久美子が、滅びゆく帝国のたそがれにそれぞれの信念を貫いて生きた人々を描いた、文芸作品の香り高い一編になっている。

STORY

一九一五年冬、ロシア。時の皇帝ニコライ二世（松風輝）の妻である皇后アレクサンドラ（凛城きら）は、皇太后マリア（寿つかさ）をはじめ、異国から嫁いだ自分を疎んじてきた貴族たちに心を閉ざしているばかりか、血友病を患っている皇太子アレクセイ（花菱りず）を唯一治療できる祈禱師である怪僧ラスプーチン（愛月ひかる）に心酔し、政のすべてを彼の祈禱によってつかさどっていた。このためロマノフ王朝は、皇帝一家とマリア皇太后を中心にする勢力に二分され、さらに重税と第一次世界大戦による疲弊にあえぐ民衆の不満が鬱積して、テロルが頻発するという一触即発の危機に瀕していた。

そんな祖国の状況を憂える一人の有能な軍人がいた。彼の名はドミトリー・パブロヴィチ・ロマノフ（朝夏まなと）。皇帝ニコライ二世のいとこであるドミトリーは、民衆の憤懣を鎮めるためにはロマノフの一族が身を挺して前線で戦うべきだと考えていた。だが、皇帝一家の身辺警護の任務のためにペトログラードへの転任を命じられ、釈然としない思いを抱えたまま、自身の出立を祝う壮行会に顔を出さず雪の平原で鹿撃ちをしていた。そこへドミトリーを探して故セルゲイ大公の妃イリナ（伶美うらら）がやってくる。皇帝を狙ったテロルで命を落としたセルゲイ大公の未亡人のイリナは、アレクサンドラ皇后の妹で、夫亡きあともロマノフの一員としてこの国のためにできることはないかと考えながら、ロシアにとどまっていた。肉親がないドミトリーは、伯父であるセルゲイ大公のもとに身を寄せていて、二人は義理の叔母と甥という立場で出会ったが、ともに暮らす日々のなかで実は心の奥底に互いへの秘めた思いを抱いていた。「皇帝のそばで、この国を守ってほしい」。イリナの言葉に動かされ、ドミトリーはペトログラードへ赴く決意を固め、イリナもまた従軍看護婦として戦地へと旅立っていく。

だがペトログラードでは、ラスプーチンに奪われた権勢を取り戻そうと、マリア皇太后のもとで青年貴族フェリックス・ユスポフ（真風涼帆）ら、多くの要人が加担したクーデターの計画が進んでいた。ラスプーチンを暗殺し、ニコライ二世を退位させ、ドミトリーを新しい皇帝に仰ぐ。突然クーデターの首謀者として白羽の矢を立てられたドミトリーは計画に加わることを断固拒否し、まず二分したロマノフ王朝を再び一枚岩として、平和的な解決方法でこの危機を乗り切る術を模索する。その思いのなかで、ドミトリーは皇太子アレクセイや皇女オリガ（星風まどか）に、民衆の声や外の世界を見せようと努力し、いつしかオリガはドミトリーに引かれていき、二人の間には結婚話が持ち上がるまでになる。

イリナの面影が胸に去来するのを感じながらも、ロマノフ王朝のためにオリガとの縁談を受け入れようと決意したドミトリーだったが、婚約披露の席上でラスプーチンに「この男の心には別の女性の姿が見える。この男はオリガ様を愛していない」と詰め寄られ、答えに窮する。折も折、ドミトリーの婚約披露パーティーに出席するためにペトログラードにやってきたイリナが、ゾバール（桜木みなと）ら革命家たちの襲撃に遭ったという急使がもたらされ、九死に一生を得たイリナが憔悴しきった姿で皇帝の前に現れる。ドミトリーはオリガや皇帝一家が見つめる前で、イリナを強く抱き締めて……。

ロシアに起こった二十世紀最大の人民革命であるロシア革命は、その革命によって成立した政権が史上初めて社会主義の名のもとに新しい社会体制を作り出し、反資本主義や反帝国主義の革命運動を全世界に拡大させる火元になって、世界史に革新的な作用を及ぼした変革として歴史に大きな名を残している。だがその一方で、私有財産制による社会の不平等を批判し、生産手段の共有と共同管理による平等な分配を目指した社会主義の思想と運動が、ロシア革命後この百年間でほぼ頓挫したのもまた歴史の事実にほかならない。端的にいって人類は「みんなの幸せは私の幸せ」という、性善説に基づく思想を共有するほどには成熟していなかったのだ。

このことが、同じ革命を背景にしていながら、宝塚歌劇団が頻繁に取り上げてきたフランス革命物と、この作品との色合いを決然と異にする源になっている。作品の最後にロマノフ王朝は滅びるが、王朝を倒した革命の思想もまた歴史のなかに、ある意味で敗れ去っていくことを私たちは知ってしまっている。つまりここには、本当の意味の勝者はいない。人類のどんな思想にも支配にも、何者にも左右されず、ただ変わらずに残るのはロシアの大地だけ。それがタイトル『神々の土地』であり、真の主人公はロシアの大地という作品の根幹になっている。

こう考えると、スターシステムを敷く宝塚歌劇で、このような作品が生まれ出たことには驚きを禁じえない。何しろ誰一人として勝利しない、カタルシスがない物語を、宝塚スターが演じるのだ。これが冒険でなくてなんだろうか。だが同時に、作・演出家の上田久美子のすごみをここまで感じさせた作品も、また初めてのことだ。

実際、舞台は非常に重厚で深みがあり、ときにストレートプレイのような、さらにはロシア文学そのままのような展開を見せ、見る側にも相当の体力を要求してくる。それでいて、場面場面がまるで一幅の絵画のように美しく、その美しさにも壮絶なすごみがあることで作品が宝塚世界のなかに降り立つことを可能にしている。雪原で踊るドミトリーとイリナ。エルミタージュ宮殿の大広間。緋色の大階段でのドミトリーの任官式。ジプシー酒場の群衆の嵐のようなダンスと、そのすさまじさに立ち尽くすドミトリー、オリガ、フェリックス。オケボックスから這い上がってくるラスプーチン。そのラスプーチンが、皇后アレクサンドラのマントを捧げ持ち銀橋をいき、やがて緋色の階段で繰り広げられるドミトリーとの死闘。すべての魂がロシアの大地に集う終幕。こうして思い返しても、まるで鮮明な絵柄がフラッシュバックするかのように、各場面が脳裏を駆け巡るのには恐れ入るしかない。上田の計算し尽くした美意識と強固な意志が、この格調高い文芸作品を骨太に描き出したのだ。相当な決意と自信がなければ、この作品を宝塚歌劇で作るのは難しかっただろう。作者の気概をもって瞑すべきだ。

そんな作品が宝塚のトップスターとして、男役としての集大成になった朝夏まなとが、主人公ドミトリー・パブロヴィチ・ロマノフを実に魅力的に活写している。懐も深く、社交的で、誰からも愛される軍人であり、皇族であり、深く国を憂いてもいる。この男性を担ぎ上げてロマノフ王朝を立て直そうとする人々がいることや、この作品のなかだけの創作の設定に素直に納得できるし、朝夏がもつ輝かしい明るさが役柄をさらにふくらませていて、ドミトリーという人物の陰影も深まった。何よりも、ドミトリーが完全無欠なヒーローではないこと。心に深く秘めた恋があり、その思いに足をすくわれるが、決して後悔はしない主人公の、明るさのなかにあるからこそ際立つ陰りと純粋さを表出しえたのは、朝夏の存在あったればこそだ。「ここに残す我が思いを」というドミトリーが歌う歌詞と去りゆく朝夏その人とがオーバーラップする姿が、いつまでも目に残るラストパフォーマンスだった。

そのドミトリーの永遠の思い人である大公妃イリナには、やはりこの公演をもって退団する伶美うららが扮した。前任のトップ娘役・実咲凜音の退団後、宙組はトップ娘役を空位にしていたので、パンフレットなどの扱いこそヒロイン格ではないが、作品を見ればイリナが揺るぎないヒロインであることは明白。宝塚歌劇団にどのような事情があってこうした措置が取られたのかはわからないし、いまこのときそれを詮索するのは無意味だと思うから、ドミトリーと愛情とともに信念でも結ばれている女性であり、ヒーローの心に忘れえぬ楔を残しているイリナに、伶美の美しさこそがふさわしかったこと。この舞台にとって、伶美が何者にも代えがたい存在だったことだけを記しておきたい。この人の美はただそれだけで、すでにして芸だった。記録以上に、記憶に深く残る美しき娘役が、ふさわしい役柄を得て花道を飾ったのを喜びたい。

ドミトリーの旧友フェリックス・ユスポフの真風涼帆は、名門貴族の嫡男で、芸術を愛する遊び人の表の顔のなかに、深い思慮を秘めている人物の造形が巧み。この人の個性には常に悠揚迫らぬものがあって、それが母親を「ママ」と呼ぶ男性像にまったく違和感を与えないうえに、ポイントポイントの出番を印象的にしている。ドミトリーへの思いを、友情以上、愛情未満のラインでまとめていたのも効果的で、二番手スターとして朝夏時代をともに走った真風ここにありの好助演だった。

ドミトリーに恋する皇女オリガの星風まどかは、まるで絵に描いたような宝塚の娘役らしいプリンセス像を愛らしく演じている。ドミトリーへの浮き立つような思いが、イリナの存在によって砕かれる。けれども、彼女の行動がただ嫉妬から発せられたものではなく、家族への思いとのはざまで悩み苦しんだことがわかる、皇后アレクサンドラとの芝居に深みが増して成長を感じさせた。リリカルなソプラノも美しく、真風の相手役になる次公演への期待を高めた。

また非常に演じがいがある役柄が多いのもこの作品の特徴。皇太后マリアに組長の寿つかさ、皇后アレクサンドラに凛城きらと、いずれも大役にあえて男役をもってきたのは、押し出しと同時に、宝塚の娘役という幻想世界を担っていない、生の女優に通じる実存感を求めたからだろう。その思惑は奏功していて、二人ともに作品の重要なアクセントになっている。特に寿は、終幕この作品の真の主役である「ロシアの大地」に思いを馳せる台詞を明確に聞かせる役割を見事に果たした。

ドミトリーの友人では、コンスタンチン・スモレンスキーの澄輝さやとが、高貴な身分の人間が示すまったく悪気がない行為が虐げられている側からはいやみにしか映らないという、大きなキーポイントをノーブルな二枚目像のなかで体現していて美しい。ウラジーミル・ボルジンの蒼羽りくの明るさ、ロマン・ポチョムキンの瑠風輝の弟分的な居住まいと、互いにキャラクターをきちんと演じ分けていてそれぞれが引き立った。コンスタンチンに思われ、やがて彼を愛することで図らずも嵐を呼ぶジプシー酒場の歌姫ラッダの瀬音リサは、低音域から高音域までの難しいソロを見事に聞かせている。『銀河英雄伝説@TAKARAZUKA』(宙組、二〇一二年)の少女時代のアンネローゼで聞かせた美しいソプラノのうえに、この年月の進化が積み重ねられた有終の美になった。

ラッダの弟で革命の活動家ゾバールの桜木みなとは、野性的なキャラクターに体当たりした迫力が際立った。これまで気品がある役柄での成果が目立った人だったが、こうした色が濃い役も手中に収めて、着々と役幅を広げているのが頼もしい。同じ革命家のマキシムの和希そらの口跡のよさは群を抜いていて、踊りのキレも見事。エルモライの秋音光のどこか破滅的な個性も役に生きている。

冒頭から、人物関係や舞台背景の説明役も担うクセニヤの美風舞良、ジナイーダ・ユスポワの純矢ちとせ、アリーナの彩花まりの貴婦人ぶりは見事で、特に純矢の一癖も二癖もある役柄の、適度なアクを交えた造形には惚れぼれさせられる。ニコライ二世を徹底的に穏やかに演じた松風輝もこの温厚さが悲劇を生んでいく要因になっていることをきちんと示しているし、ロパトニコフの美月悠、ポポーヴィッチの星吹彩翔、イワンの風馬翔など、個性派がきちんと要所を固めているのも見逃せない。

そして、個性派とかアクが強いとかいう言葉のなかには納まらないのが、ラスプーチンの愛月ひかる。歴史に名を残す希代の怪僧であり、創作世界のなかでもたびたび取り上げられている人物を、禍々しく、おどろおどろしく演じきっていて、宝塚の二枚目男役の域を完全に超えた、まさに怪演。ここまでやりきってしまうと、二枚目男役としてのアイデンティティーに響かないかだけが心配になるのが宝塚という世界の特殊な面でもあるが、愛月のラスプーチンが強烈であればあるだけ、朝夏のドミトリーの行動が正義に映るわけで、朝夏を美しく送り出すための影のMVPとも称せる存在だった。思えばこの人が突き抜けた役柄を演じたのは、朝夏のプレお披露目だった『TOP HAT』（宙組、二〇一五年）が最初だから、朝夏時代の集大成に、愛月のこうした異端な役柄の集大成が重なったともいえるだろう。果敢な取り組みに拍手を送り、次の時代での正統派二枚目にも期待している。

ほかに民衆の革命へのうねりを表現した群舞もすばらしく、噛み応えがある重い作風に全力で取り組んだ宙組全員のパワーを強く感じさせる舞台だった。

そんな作品のあとに控えたのが、宝石の輝きをテーマに繰り広げられる『クラシカル　ビジュー』で稲葉太地の作。冒頭から、ターコイズの真風、パールの伶美、翡翠の星風、ルビーの愛月、トパーズの桜木と、それぞれ宝石＝ビジューを表した面々が踊ると、エルドラドの王ダイヤモンドの朝夏が現れるというぜいたくな布陣。朝夏の太陽のような輝きを「太陽色のダイヤモンド」と表現したのがなんとも秀逸で、朝夏のキラキラと輝く笑顔がまぶしい。

そのまま、スーツにソフト帽、華やかな変わり燕尾、きらめく総スパンコールなどを身にまとい、さまざまな場面で長い手足を駆使して踊り続ける朝夏の姿が、「ダンサートップスター」の称号を手にしたこの人ならでは。なんの飾りもない正統派の黒燕尾で踊る終幕まで、朝夏の真骨頂がいかんなく発揮されたレビューになっていて、惜別の思いが募る。

さらにそれだけでなく、次世代の真風&星風はもちろん、愛月にも、さらに桜木や和希にも大きな見せ場があるのが新鮮で、朝夏時代の集大成である作品から、次代の息吹も感じられるのは、これぞ宝塚歌劇のマジック。伶美をはじめとした、朝夏と同時退団の娘役たちにもはなむけがあり、朝夏が築いた宙組の歴史と財産がキラキラと輝くレビューになっている。

公演情報

宙組

『神々の土地』

脚本・演出：上田久美子

『クラシカル　ビジュー』

作・演出：稲葉太地

宝塚大劇場〔2017年8–9月〕／

東京宝塚劇場〔17年10–11月〕

井上芳雄が新境地を拓いた愛と再生の物語
――『十二番目の天使』

観劇するのはもちろんミュージカルに限らず、ストレートプレイも多々あり、そこからもぜひ収めたいと願った一つ。常々友人たちから「よく泣く」とあきれられるのですが、こちらはさらに泣いて泣いてかなりの時間、客席で立てなかった作品です。ミュージカル界のプリンスとして名を馳せる井上芳雄さんが、新たな地平に踏み出した一作に立ち会えたという感動も深く、忘れがたい舞台になっています。

『十二番目の天使』は、著作が全世界で三千六百万部以上読まれている作家オグ・マンディーノの代表作『十二番目の天使』（一九九三年）を、鵜山仁演出、笹部博司台本で、世界初の舞台化を実現した作品。大切な人たちとの別れと出会いが生きる勇気を与えてくれる、切なくも優しく心温まる物語になっている。

STORY

ビジネスで大きな成功を収め、若くして故郷に戻ったジョン（井上芳雄）は、人々に英雄として迎えられ、妻のサリー（栗山千明）と息子のリック（大西統眞と溝口元太のダブルキャスト）との幸せに満ちた新生活を始めようとしていた。だがその矢先に、サリーとリックは交通事故に遭い、帰らぬ人になってしまう。

二人がいない世界に絶望し、ジョンは自ら人生に幕を下ろそうとするが、その刹那、幼なじみのビル（六角精児）が訪ねてくる。ジョンの悲嘆を誰よりも理解することができる無二の親友であるビルは、ジョンを外に連れ出して、地元のリトルリーグのチーム監督を引き受けてくれるよう頼む。ジョンとビルもかつて地元のリトルリーグでプレイしたチームメートであり、けがさえなければ大リーガーになっていたのは間違いないジョン以上に、この役目が務まる人間はいないとビルは説く。

その説得に、閉ざしていた心をほんのわずかばかり開いて、リトルリーグチーム・エンジェルスの監督を引き受けたジョンの前に、体も小さく運動神経も悪いティモシー（大西と溝口の二役ダブルキャスト）という少年が現れる。彼をひと目見た途端息をのむジョン。ジョンの目には、ティモシーが亡き息子リックの生き写しに見えたのだ。

そんななか、チームの選手を選ぶ監督会議でエンジェルスは、地域でいちばんの実力をもつエースピッチャーのトッド（城野立樹と吉田陽登のダブルキャスト）の獲得に成功する一方、誰からも選ばれずに最後に残ったティモシーを、十二番目のメンバーとしてチームに加えることになる。

ライトの守備位置でフライを補球することも、ヒットはおろかバットにボールを当てることもできないティモシーだったが、彼は決してあきらめることなく人一倍練習に励んでいた。そんなティモシーにリックの姿を重ねるジョンは、チームの練習とは別に、ティモシーに個人練習をつけることを提案する。それは死への誘惑にいまだ引き戻されかかるジョン自身にとっても貴重な時間になり、家政婦ローズ（木野花）の助けも得て、ジョンは次第に生きる目的を見いだし始める。

やがてティモシーの努力に触発されるように、エンジェルスはリーグで快進撃を続け、ティモシーの母ペギー（栗山の二役）、地域の医師メッセンジャー（辻萬長）らが見守るなか、決勝戦に駒を進めるが……。

オグ・マンディーノは「世界中で最も多くの読者をもつ自己啓発書作家」と呼ばれ、その著作の多くは人生を前向きに生きるための言葉に満ちたものだ。この作品『十二番目の天使』でも、生きる希望を失っているジョンの前に現れたティモシーが「僕は、絶対、絶対、絶対、絶対、あきらめない！」「でも、毎日、毎日、あらゆる面で、僕はどんどん良くなっているんです」などのポジティブな言葉を言い続け、それによってジョンも、さらに関わる人々の人生をも変えていく。そのいわば人生におけるエピグラムが、小説として感動的な物語として表現されているのがオグ・マンディーノの作品を単なる啓蒙本からさらに高みへと引き上げた。しかし、一方で例えばティモシーがあまりにもけなげで立派な少年＝天使すぎることが、文学ではなく舞台作品として実体化されたときどうなるのだろう、という危惧がないではなかった。

だが、実際に多くの登場人物を七人の役者に絞り、さらに映像も効果的に使いながら、きわめて抽象的な演劇がもつ想像力に委ねて場面を進める舞台に接して、そんな杞憂は雲散霧消していった。物語は井上演じるジョンが語るモノローグから始まり、登場人物たちとの芝居を挟みながら「語り」部分として最後まで貫かれることで、小説を読んでいるときの感覚にきわめて近い世界観が立ち上るのだ。それが小説自体がもつある意味のできすぎている部分を、いま目の前にあるファンタジー性を有しながらの現実として提示することに成功している。これは言ってしまえばすべてが「創作」の世界である舞台空間だからこその効果で、「虚」を「実」に変換する大きな力になっていた。

そんな物語のなかに真実の心を貫き通した、主演の井上芳雄の演じる力と存在感がすばらしい。もともとミュージカル界のプリンスとしてだけでなく、ストレートプレイ作品にも積極的にチャレンジしてきた井上だが、彼がそもそももっているスター性には虚構の世界にピタリとハマる様式美があって、それが例えば『黒蜥蜴』（二〇一八年）の名探偵・明智小五郎や、これはミュージカル作品だが『グレート・ギャツビー』（二〇一七年）のジェイ・ギャツビーなど、日本人の生身の男性が演じるのにはややハードルが高いと思われる役柄を手中に収める力になっていたものだ。それは、もう少し年齢を重ねたら『風と共に去りぬ』のレット・バトラーなどの、気障を極めたうえで余裕綽綽という役柄も井上なら演じられるのではないかと思わせる個性だ。だが、今回のジョン役はそういう様式的な性質とはある種真逆の、ビジネスで大成功を収めたという背景こそあれ、アメリカのよき夫でありよき父であるごく普通の男性像だ。そんな役柄を井上が自然体で、しかも温かな父性もにじませて演じていることに、役者・井上芳雄が経験を重ねて獲得した新たな地平が見えている。そればかりでなく、ほとんどの場面でジョンのモノローグが入る、つまり観客と舞台の架け橋の役割も果たす「語り部」でもある井上の感情表現豊かで真摯な熱演が、作品世界に見る者の心をシンクロさせた力には、実に大きなものがあった。確実にこの作品は井上芳雄の、役者としての大きなエポックメーキングとして記憶されるものになる。そう実感させる見事な主演ぶりだった。

そのジョンを取り巻く人々の多くが二役を演じていることにも作劇上の秘密があって、冒頭亡くなってしまうジョンの妻サリーと、ティモシーの母ペギーを栗山千明が演じることで、役柄に作品のヒロインとして、さらにジョンが見ている世界の愛の象徴としての姿をふくらませる効果になっている。栗山の抜群の美貌がその役割にまず似つかわしいし、ペギーのひたむきさ、亡きサリーが舞台上にしばしば現れて見せる慈愛が、ともに美しさを与えたことが作品の鮮やかな光彩になった。

同じことが、ジョンの母と家政婦のローズを演じる木野花、ジョンの父とメッセンジャー医師を演じる辻萬長にもいえる。ジョンを助け誰もがジョンをおもんぱかるあまりに口にできずにいた耳に痛い真実を、あえて口にするローズに母親像を、黙々とティモシーを見守り、最も重要なときにジョンに事実を告げにくるメッセンジャー医師に父親像を重ね合わせた脚本と演出の妙に、二人のベテラン俳優が的確に応えた味わいが深い。

一方、ジョンの無二の親友ビルに扮した六角精児は、役者本人がもつ飄々とした軽やかさが「つらかっただろう」や「お前の気持ちはよくわかる」などのわかりやすい慰めの言葉を吐かないまま、ジョンの悲しみに寄り添う親友役に実存感を与えて見応えがある。これもまたキャスティングの勝利で、六角の存在が舞台に寄与したものの大きさにも得がたいものがある。

さらに、この作品の要「十二番目の天使」であるティモシーとジョンの息子リックは、大西統眞の回を見たが、いわゆる「上手な子役」らしさがまったくない、きわめて朴訥とした演じぶりが、ティモシーという役柄を最大限に生かしている。涙を誘おうという一種のあざとさがかけらも感じられない演技は、簡単なようで実は大変難しいもののはずで、大西の何よりの美点として輝いていた。重要な役柄だけに、個性の異なる溝口元太のティモシーも楽しみだ。

もう一人、誰もがうらやむ才能の持ち主であるエースピッチャーのトッド役もダブルキャストで、城野立樹が才能にあふれていながら、まったく驕らずにティモシーを仲間として温かく迎え入れる懐の大きな少年を活写。ポイントポイントの出番で役柄をよく引き立てていた。吉田優登のトッドが加える色彩にも興趣がつきない。

総じて、終幕に歌われるテーマ曲「白いボール、青い空へ」（宮川彬良作曲、安田佑子作詞）が、ミュージカル界のプリンスである井上芳雄がいわゆる観客サービスで歌うといった性質のものでは決してなく、涙とともに心に残る物語世界のすべてを象徴した楽曲になっていることも滋味深く、さまざまな場所で新しい世界に踏み出す人が多い、さらに新しい時代も迎える二〇一九年三月から四月にふさわしい、心に勇気をもって一歩を踏み出せる作品になったことを喜びたい。

公演情報

『十二番目の天使』

原作：オグ・マンディーノ

翻訳：坂本貢一

（求龍堂刊「十二番目の天使」より）

台本：笹部博司

演出：鵜山 仁

シアタークリエ〔2019年3–4月〕

／全国ツアー〔19年4月〕

松岡昌宏×土井ケイト×藤田俊太郎のタッグで描き出した希望の光
——『ダニーと紺碧の海』

ストレートプレイからもう一つは、この舞台がなければ本書もなかった作品を。「はじめに」にも書きましたが、一ライターが書くレビューというものにはたして価値があるのだろうか……に惑っていた時期に「伝わるんだ！」の実感と今日まで書き続ける勇気をもらうきっかけになった舞台の記録です。濃密な二人芝居と紺碧の海がいまでも目の前に浮かぶ、計り知れない力をもった作品です。

感情が交錯する男女のギリギリのバランスと噴出するエネルギー、他者への憧憬を哀感を込めて描いた二人芝居『ダニーと紺碧の海』は、第六十回アカデミー賞で脚本賞を受賞した『月の輝く夜に』（監督：ノーマン・ジュイソン、一九八七年）をはじめ、幾多の受賞歴を誇るアメリカの劇作家ジヨン・パトリック・シャンリィによって一九八三年に書かれた作品。大都会の片隅で、それぞれに深い孤独のなかに閉じこもっていた男と女が偶然出会い、互いの魂が共鳴していくさまを描いた二人芝居の会話劇になっている。

STORY

ニューヨーク、ブロンクスの深夜のバー。一人の男と一人の女が、同じ空間で別々の時間を過ごしている。男の名はダニー（松岡昌宏）。繊細すぎるために傷つきやすく、心の痛みを暴力によってしか吐き出せない彼は、他者と理解し合うことが思うようにできない。

一方、女の名はロバータ（土井ケイト）。日々の生活に疲れて、また過去に犯したある罪の記憶にさいなまれ悔やむあまりに、自分は幸せにはなれない、なってはいけないと心を閉ざしている。

いつか二人は、互いを認め、警戒しながらぎこちない会話を交わしていく。近づいては離れ、離れてはまたわずかに近づきながら、互いにどこか共通するものをもっていることを感じたかのように、その距離を縮めていく。

やがて、二人のエネルギーはぶつかり合い、傷口をさらけ出し、心の闇を見せ合い、「帰らなきゃならないのに、帰る家がない」ダニーを、ロバータは自室に招き入れる。さらに深く触れ合っていく二人。やがてダニーは、かつて参列した結婚式の幸福を語り、ついにロバータに結婚を申し込む。一瞬驚いたロバータだったが、すぐさまその申し出を受け入れ、二人は自分たちの結婚式をどう執りおこなうかを語り合い、かつて経験したことがないほどの安らぎのなかで、深い眠りに落ちる。

だが、そんな幸福な夜が明け、孤独から解放されたと歓呼に満ちた朝を迎えたダニーに、ロバータはあれは一晩の夢だったのだと言い、帰ってほしいとダニーを突き離そうとして……。

舞台に接してまず驚くのは、この作品が三十年以上も前に書かれた戯曲だという点だ。おそらく情報として知らされていなかったら、この作品が現在、二〇一七年を描写していると信じて疑わなかっただろう。それほどに、作品に登場するダニーとロバータという二人の男女の発する言葉、抱える心の傷、鬱屈するエネルギーには、「いま」を感じさせる生々しいリアリティーがある。いや、むしろSNSを通じて千人を超える「友達」がいることが珍しくないのに、腹を割って話せる、リアルに目の前で感情をぶつけ合える、たった一人の「親友」がいるのかという問いには答えをためらい、あたかもそうした親友がいないことが気楽であるかのように振る舞う現代の風潮のなかにこそ、この作品のリアルはさらに深まっていると思えるのだ。

その鮮やかな「いま」の空気感と生々しさを表出したのは、戯曲に寄り添い、二人の役者が発する言葉、表情、互いの距離を、丁寧に描き出した藤田俊太郎演出によるところなのは明らかだろう。

舞台はタブロイド新聞の雑多な紙面で埋め尽くされた壁の前にある、深夜のバーから始まる。あたかもそれは、あらゆる情報に取り巻かれていながら、そのどこにも居場所がないダニーとロバータの心を映し出したかのようだ。そこで、初めは舞台の端と端、遠く離れたテーブルに座り、黙々と飲み食いをしている二人が、少しずつ近づいていくさまが、実に危ういバランスのなかで示されていく。

それは近づいたかと思うと離れ、さらに近づいたかと思うと自分のテリトリーに入ってくるな！と恫喝するダニーの荒々しい叫びで、また引き離される。けれども、二人はそこを出てそれぞれの家に帰ろうとはしない。なぜなら、ダニーには「帰らなきゃならないのに、帰る家がない」。だからロバータは彼を家に連れて帰る。けれども、連れて帰る家があるロバータにとって、その家は帰りたい家ではない。

この閉塞感と、孤独と、そのための他者の理解への渇望を、水道の蛇口から静かに流れ続ける水、ろうそく、ウエディングドレスの人形など、細かいしつらえとともに役者たちの言葉と行動で伝えていくさまには、息苦しいまでの濃い空気感がある。だからこそ、タイトルが示すとおりに、ダニーが見た深い、深い、紺碧の海が現れる終幕の見事さには、心をわしづかみにする力がある。それは、現代人が実は強く求めていて、でも求めていると表明することさえできなくなっている、深い愛と他者との生のつながりの尊さを示してくれるものにちがいなかった。この優しさとロマン。それは、数々の称賛を集めた『ジャージー・ボーイズ』（二〇一六年初演）の成果を引くまでもなく、藤田の演出作品に常にある美しさに通じている。この人が紡ぎ出す作品はいつも、悲しみをたたえるほどに美しく、尊い。

そうあらためて感じて思い返す記憶がある。それは、初めて藤田俊太郎という演出家に出会ったときのことで、その端正なマスクに驚き、なぜ俳優になろうとしなかったのだろう、と反射的に思ったのだ。そして、藤田が初めは俳優を志していたことを知って得心したのと同時に、彼が演出家へと人生の舵を切ったきっかけはなんだったのだろうかと、また考えたものだった。その答えを、この作品に寄せた藤田の言葉が語っている。俳優を志した藤田はこの戯曲を愛し、自分はダニーそのものだとさえ感じて演じることを切望したが、師である蜷川幸雄から「この話は難しいからいまの藤田には無理だと思う。もっとハードルの低い戯曲を選びなさい」と告げられ、これほどすばらしい戯曲の言葉を自分の身体は何一つ語ることはできないと知り、俳優人生の終わりを感じたと。いま思うとそれが彼の演出家としてのスタート地点だったのだそうだ。

蜷川は「いまの藤田には無理だ」と言っただけで、それは未来の可能性を閉ざしたものではなかったのだと思う。それでも、演じることへの思いを断念するほどに、この『ダニーと紺碧の海』が藤田に与えた魂の共鳴が大きなものだったからこそ、いま、こうして演出家としての藤田が手掛けたこの作品を、舞台空間に奇跡のように現れた美しい紺碧の海を見ることができた。そう理解したとき、何か天命のような、深い感慨を覚えずにはいられない。この作品が演出家・藤田俊太郎を生んでくれたことに、一観客として感謝したい。

そんな作品を、自らの身体で構築した二人、松岡昌宏と土井ケイトの、肉体をさらけ出し、魂の慟哭までもを語り尽くした演技がまたすばらしい。

ダニーを演じた松岡は、いうまでもなくバンド形態のアイドルグループＴＯＫＩＯのメンバーだが、ジャニーズのアイドルグループのなかで、まずこの「バンド形態」という形が数少ないうえに、担当楽器が力感があるドラムであること。また大人気番組『ザ！鉄腕！DASH!!』（日本テレビ系、一九九五年―）での、体を張った奮闘ぶりが、彼に与えている骨太な土着の雰囲気が、ダニーという役柄に完璧に生きている。

心の痛みを吐き出す術を暴力にしか見いだせないダニーは、その衝動の強さを制御できず、自らの暴力が人を殺したかもしれないという恐怖にさいなまれている。この恐怖を押し隠すために、ハリネズミのように全身で周囲を威嚇して他者が一歩でも近づいたら叩きのめす、という凶暴性をあらわにしている。そんな男が、一夜にして、内に秘めている幸福な結婚式への憧れを語るのだ。

そのにわかに信じがたいほどのピュアなもの、あまりにも繊細な心を松岡は乖離させることなく、ダニーという一人の人間のなかにある思いとしてきちんと表現してくる。その確かな演技力と存在感が舞台を引き締め、最後に他者のために「赦し」を授ける役柄を、演劇というある意味の幻想空間のなかでリアルに息づかせていた。この力量はただならないもので、舞台出演は四年ぶりということだが、ぜひ継続して演劇の世界でも活躍してほしい人材だとあらためて感じさせられた。

対するロバータの土井ケイトは、蜷川幸雄が主宰したさいたまネクストシアター出身で、退団後も蜷川作品を中心に数々の大役を演じてきた実力派だ。その才能はまずたたずまいから表れていて、ロバータがダニーに威嚇されながらもなお近づいていくという、考えればかなり無謀な行動なのだが、冒頭からやむにやまれぬ衝動が秘められていることを醸し出してみせる。そのことで、見知らぬ、しかもかなりの凶暴性を秘めている男が「帰らなきゃならないのに、帰る家がない」ことを見抜いて、女性が自室に招じ入れるという展開に無理を感じさせない。

さらに、最も危険な水域にあると思われたダニーよりも、実はもっと深く危険な淵に、このロバータという女性が立っていることが見えてくる終盤にかけての、その絶望と孤独が強い光を放つ印象的な瞳に宿るさまは圧巻だ。そして、そんな狂気をも秘めた演じぶりが、終幕の美しさへ帰結し、カタルシスを導いて見事だった。二人芝居を紡いだ二人が、ともにこれ以上ないと思える適役だったことは実に幸福なことだ。

何よりも、藤田にとってこの作品が「希望」だったように、またダニーにとってロバータが、ロバータにとってダニーが「希望」だったように、藤田が演出し、松岡と土井が演じた『ダニーと紺碧の海』というこの舞台が、多様性が否定され、格差が広がり、他者とのつながりが希薄になる一方の二〇一七年の日本の現実に、まるで希望の光のように輝いたこと。演劇の奇跡がいまここにあることに、感動せずにはいられない。いま、少しでも生きにくさを感じているすべての人に見てほしい舞台だ。

公演情報

『ダニーと紺碧の海』
作：ジャン・パトリック・シャンリィ
翻訳：鈴木小百合
演出：藤田俊太郎

紀伊國屋ホール〔2017年5月〕／兵庫県立芸術文化センター阪急中ホール〔17年5月〕

解説

藤田俊太郎

演劇作品は初日を迎え社会化されたとき、劇評やレビューの対象となります。演出家の立場で言うと、時間をかけ、カンパニーで力を合わせて大切に作った作品に対して批評していただけること、書いていただけることはとてもありがたいことです。そのなかで劇評やレビューがカンパニーにとって希望になることがあります。一つの言葉が上演中の演劇作品を応援してくださることがあります。私はいままでたくさんの方の言葉に救われてきました。劇評やレビューの言葉一つひとつが新たな視点で作品を投射し、価値を与えてくださいました。その言葉の影響力で、たくさんのお客様が劇場に足を運んでくださいました。

二〇一七年に演出した『ダニーと紺碧の海』（企画・制作：パルコ、兵庫県立芸術文化センター）。

私は橘涼香さんが書いてくださったレビューに大変感謝しています。そのレビューは橘さんの明確な視点によって詳細に書かれていました。お客様がこの作品を観劇される前に読んだときに、とても興奮し、観劇への期待を高めながら劇場に向かえるような内容でした。その大きな愛はカンパニーに対してのエールであると演出家として受け取りました。演出家が直接、レビューを書いてくださった方に連絡をとるのはルール違反かなと思ったのですが、当時、お礼の電話を橘さんにしました。そのご縁で、本書『タカラヅカレビュー！――宝塚歌劇からミュージカルまで』の解説を書かせていただいています。

本書はミュージカル作品も多数あるものの、宝塚歌劇団が制作し上演した作品のレビューを中心とした構成になっています。私も宝塚歌劇制作の舞台、ときに宝塚大劇場、宝塚バウホールでの観劇を楽しみにしている一観客ではあるものの、ファンのみなさまとは比べものになりません。ましてや「解説」を書くことは場違いではないかと感じましたが、橘さんの全文を読ませていただき、演出家として熱い思いを胸に抱きました。

理由は二つあります。まずは橘さんの「酷評するなら書かない」というポリシーが全編を通して貫かれていること。そして橘さんのどのレビューにも必ず「いま」「現在」「この時代」にこの作品を上演する意義、が大きな観点になっていることです。それが本という形になることで明確になり、二〇一七年から一九年の演劇を大きな視点で問うていることがわかります。

日本はいま、大きな転換期を迎えています。二〇一九年、年号が令和になり東京オリンピックに向かう華やかな雰囲気があります。その一方でますます広がる格差や雇用をはじめとするさまざまな問題があり、自分だけが優先的であるという偏った思想や考えが広がるとき、時代の暗部に目を向けると、演出家としていつまで演劇を続けることができるのかと自問自答せざるをえません。橘さんのレビューに共通しているのはそんな不安な時代だからこそ、「劇場にいる時間には夢があり、ここに美しい世界があるのだと演劇は信じさせてくれる」というメッセージと愛だと思いました。その夢はかすかな希望になりうる。その夢を守り続けてほしい、その愛をできるだけ観劇をしていないお客様にも届けたいという気持ち、熱意が、書籍という形になりました。

演劇を観ることは「体験を買う」ことだと思います。近年特にミュージカルの観客動員数が増えているのは、インターネットなどでさまざまな情報が手に入るいま、「体験を買う」ことにお客様が大きな価値を見いだしてくださっているからではないでしょうか。本を読むことも、もちろん「体験を買う」ことだと私は思います。無料のウェブサイトで読めたレビューが明確な視点をもって本にまとまることで新たな価値を作り出しました。橘涼香さんの『タカラヅカレビュー！』をぜひ、多くの方に読んで体験していただけたらと思います。

私が書いたこの「解説」が橘さんをはじめとする関係者のみなさまへのささやかなエールとなることを願っています。

二〇一九年十一月

演出家　藤田俊太郎

プロフィール

藤田俊太郎（ふじた・しゅんたろう）

1980年生まれ、秋田県出身。東京藝術大学美術学部先端芸術表現科卒業。主な演出作に『The Beautiful Game』『美女音楽劇人魚姫』『手紙2017』『ダニーと紺碧の海』『Take Me Out 2018』『ブロードウェイミュージカルピーターパン』『LOVE LETTERS』『ジャージー・ボーイズ』『VIOLET』（ロンドンチャリングクロス劇場）など

『The Beautiful Game』（2014年）の演出にて第22回読売演劇大賞優秀演出家賞・杉村春子賞、『ジャージー・ボーイズ』（2016年）の演出にて第24回読売演劇大賞最優秀作品賞・優秀演出家賞、『ジャージー・ボーイズ』『手紙2017』の演出の成果に対して第42回菊田一夫演劇賞を受賞

あとがき

ここまでお読みいただきありがとうございました。まとめてみて、われながら長いな……と思う作品レビューもあり、文字数も作品ごとに平均化されておらず、いかに文字制限がないウェブサイトの場で自由に書いていたのかをあらためて知ることにもなりました。

演劇作品の記録媒体化も盛んになり、専門チャンネルも続々と生まれているいま、演劇界を取り巻く状況もおのずと変わっていくことでしょうが、映画評論と違って演劇評論の世界では、かなり最近まで「年齢が上であるほど稀少な書き手」という図式が厳然とありました。その日その場にいなければ二度と見ることができない、基本的には千秋楽とともに消えてしまう演劇という美しくもはかない世界では「長く生きている＝古くからの作品を多く見ている」ということに間違いなかったからです。そしていまでもやはり何百回、何千回上映しても、その日の仕上がりが変わることはない映画の世界と、キャスト、スタッフ、観客のコンディションと空気感のすべてが重なり、その場に立ち会った人たちだけが、その一回の舞台を作り出す一期一会の演劇の世界の記録とは（記録されること自体は本当にうれしいことですが）、やはりおのずから異なっているように思います。そういう意味では、自分が見た一回の公演を記憶のなかにとどめる以外に術がない、時間とお金をかけて、劇場という一つの場所に集った人だけが共有することができる、ぜいたくで切なくも美しい、消えていく芸術なのが舞台表現なのだと、時代が変わったいまも感じています。だからこそ、そんな舞台芸術をとことん愛した人間として、その公演の意義や、作品がその時代に発表された意味を記録していきたい――それが私のなかで永遠に変わらない思いです。書籍化という光栄と同時に不安もたくさんあったこの一冊が、そんな一助になっていってくれたら、こんなにうれしいことはありません。

宝塚歌劇を、ミュージカルを、演劇を、舞台芸術を愛しています。それらすべてが発展していってくれることを常に願っています。情報が無料で入手できるのがむしろ当然の時代に、こうした難しい本を作ろうといってくれた、青弓社の矢野未知生さん、書籍化を快諾してくれたウェブサイト「演劇キック」の関係者のみなさま、本書を彩る美しい舞台写真をご提供いただいた各社のみなさま、ご多忙のなか胸を打つ解説を寄せてくださった藤田俊太郎様に心からお礼を申し上げます。そして誰よりも本書を手に取ってくださったあなたに心からの感謝を！　ありがとうございました。宝塚を、演劇をともに愛する者同士として、これからもすばらしい舞台に立ち会い、応援しあえる仲間でいられますように。

二〇一九年十一月吉日

橘 涼香

［著者略歴］

橋 涼香（たちばな・すずか）

演劇・音楽ライター

演劇専門誌「えんぶ」、えんぶウェブサイト「演劇キック」を中心に「SPICE」「カンフェティ」、論座「朝日スターファイル」などや、公演パンフレットライターとして活動中。ウェブ「演劇キック」の人気コンテンツ「宝塚ジャーナル」「観劇予報」で、宝塚歌劇や宝塚OG出演ミュージカル作品をはじめ、ストレートプレイ作品のレビューやキャストインタビュー記事などを執筆している

タカラヅカレビュー！　宝塚歌劇からミュージカルまで

発行——2019年12月26日　第1刷

定価——1800円＋税

著者——橘 涼香

発行者——矢野恵二

発行所——株式会社青弓社

〒162-0801 東京都新宿区山吹町337

電話 03-3268-0381（代）

http://www.seikyusha.co.jp

印刷所——三松堂

製本所——三松堂

ISBN978-4-7872-7425-0　C0074